金門村史　19

烈嶼西方甲傳奇
佛祖上帝公庇佑的子民

林志斌、洪清漳——著

金門縣文化局

一縣長序一

浯土浯民話桑麻

金門村史

金門是個幸福島嶼，有長達一千七百多年的歷史，每個地方都有很精采的故事。福海上任以來，一再強調各單位不管做什麼事，一定要把金門在地的故事融入進去，變成是一個有故事、有溫度、有感情，可以吸引大家目光的地方，文化局倡導大家來寫村史，就是在實踐說在地故事、寫鄉土風情的一個方式。

過去我們的縣志與鄉鎮志，都是由專家學者執筆，囿於一定的規範及形制，不利大眾閱讀，反喪失了凝聚鄉土情誼的本意，而村史的書寫，便比較沒有這方面的問題。「村史」指的就是由在地文史工作者、教師或有興趣的人，藉由對地方的深厚情感、對地方的發展，以及人文風情的認知所作的紀錄；這樣的紀錄是貼近土地、直沁人心的，我們希望經由這樣的嘗試，挖掘出屬於金門本土的真性情。

清代史學家章學誠將史籍分為「撰述」及「記注」兩種。「撰述」即是著作，自成一家之言，內容有觀點，有材料，有分析，有創見；「記注」則是對原始史料的記錄、整理及選輯。但二者皆過於嚴謹，不利普羅大眾傳讀。白話文起後，隨著田野調查、紀錄文學的盛行，才又開創了另一種采風記趣的形制。

福海希望文化局出版的村史能獲得大家的喜歡與肯定，或成為學童鄉土史的教材。理論上，村史的表述應該呈現多元的樣態以及最忠實的庶民文化，本次遴選的村史作者，俱皆生於斯、長於斯，筆下呈現諸多金門昔日的習俗、事件、諺語、傳說、古地名，以及自然環境故事，除了有正統的「開發史」、「發展史」外，更以一手資料側寫了昔日常民的辛酸血淚、奮鬥歷程，以及戰爭的可怕與無情，相信不論您認識金門的程度如何，都能藉由他們筆下的故事，重新認識金門、了解金門。

「文章千古事，得失寸心知」。寫村史或許不及於古人所謂「立德、立功、立言」的「三不朽」大事，但能留下一冊雋永的回憶，忠實呈現先民華路藍縷的軌跡，對一鄉一地而言，都是饒富意義的文獻史記。謹以本文與大家共勉，兼以為序。

金門縣縣長 陳福海 謹識

—文化局長序—

金門村史

金門縣文化局為推動縣民認識家鄉、凝聚共識，振興文化產業、提升文化環境，鼓勵大家書寫聚落的故事，本年度開始規劃辦理「大家來寫村史」徵選作業，這是個常態性的計畫案，將要持續性執行下去。

一九九〇年代初期，台灣各地展開地方文史運動，開啟了平民百姓寫地方文史的風氣。一九九八年，台灣大學歷史系吳密察教授開始提倡「大家來寫村史計畫」，強調從民間底層由下而上，不拘形式，大家分別表述集體記憶或共同的歷史。這項計畫挑明了書寫歷史已不再屬於學院派內歷史學者的專利，同時地方史的呈現也不必受限於傳統方志的體例。

金門縣文化局也是有感於這股力量，所以希望結合地方文史工作者、各社團、協會、社區工作者、作家學者或曾有本縣生活經驗且認同本縣者，舉凡關注於金門各地方村落文化特質、歷史演進，以及社區發展變遷之文字述明，均在徵選範圍內，期透過此計畫，為熱心鄉土、關懷地方的人士建構書寫家鄉文史的平台，投入基礎文化建設工作。

村史寫作為範圍甚廣，諸如：河流與聚落生活、水利圳道、地方交通與聚落變遷、文化資產保存與地方開發、環境與生態、信仰與生活、城鄉發展、地方產業、傳統建築活化與再造、社區營造、地方人物等議題，深具觀點所進行之文字作品紀錄之題材均歡迎參加。

縣長上任以來，特別指示文化局籌劃此項文化書寫工程，坤和希望每年以補助五到十本書出版的速度來進行這項計畫，假以時日，即可成為一套金門村史專書，不僅可以補縣志史料文獻之不足，更能以淺顯易懂的白話文，生動地刻畫出村里特色，吸引年輕人閱讀，關心自己生長的環境，撫平世代間的鴻溝。

金門縣文化局長 呂坤和

推薦序

談古論今述西甲

「西方甲」乃是清朝初年，應「大道公輪祀」之協議，而將烈嶼鄉劃分為四甲其中之一，其在烈嶼的開發與人文發展過程中佔有不可或缺之一席。

從象徵烈嶼圖騰的西方村白(風)雞、北風爺到佛道同祀的西方佛祖宮；
從明鄭遺跡的下田村國姓井到國共內戰所留匯集的湖井頭戰史館；
從西方村本土彩繪大師林天助到雙口村民間戲曲與紙糊藝術林金樹；
從西方街的興起沒落與正在萌生的創新重生脈象……等等，

這一件件無不在述說著烈嶼人文發展的歷史軌跡，然而，數拾載以來，無論走過的是甘是苦，是喜或憂，西方甲可真乃佛祖上帝公庇佑的子民啊！

而個人蒙佛祖上帝公等諸神眷顧，得幸見證西方甲近一世紀之消長，舉凡民初動盪、國共內戰、解嚴開放以及兩岸對立到冷戰和解，無不歷歷在身、不能或忘；而本境西方甲之子民走過貧瘠不安的戒管，於今終能享受富庶安樂與自由民主之生活，幾拾載之「上帝公瑤江祖廟請火」之宗教活動得能重拾傳承，誰說不是承神之護庇呢！

細數而來，自二〇〇二年至今已舉辦六次請火進香活動，參加信眾非常踴躍，隊伍浩浩蕩蕩數百人，個人亦承鄉親厚愛及信賴，屢次忝為進香團團長，於春霧瀰漫擾行的季節裡，更常感受到上帝公靈佑顯現，神聖任務終能順利達成，實是西甲之幸！心中對大家更是感恩！

文化需要文字記載，歷史方能傳承，今有林志斌及洪清漳二位悠遊於烈嶼文史的專家，不辭辛苦，熱心奉獻，願力願為，期為西甲的人文歷史之宗廟信仰等訴諸於筆，使能流傳永續，實乃西甲之福！在此謹代表西甲鄉親表達心中無比的敬意和由衷的感謝，也盼能透過此書之出版風行，大家得以深刻體會到西方甲傳統宗教文化之美，並由一窺其歷史源流而生不忘本源之念心。

再次謝謝志斌與清漳

陳水炎

二〇一八年十二月五日

—自序與謝誌—

以佛祖為名的甲頭

西方甲包括「西方」、「西吳」、「下田」、「雙口」、「東坑」及「湖井頭」等六個聚落，因共同奉祀「釋迦佛祖」及「玄天上帝」所結合的地緣組織，其位置大約於烈嶼島上的中部往西北方低窪位置，又稱為「西甲」，東北方有紅山、連山，南有西湖，東南接靈山。

西甲，隔海與廈門相望，自古以來是烈嶼重要門戶，相傳國姓爺自湖井頭登陸，途經下田，寶劍一揮而甘泉湧現；雙口海域的平坦泥灘，石蚵碩大肥美，孕育了西甲子民；海天一線的海洋，讓西甲先民乘風悠遊其中，航向天涯。一九四九年秋天，大陸戰場失利的國軍倉惶的擁上島嶼，海洋成為意識型態分界線，軌條砦、鐵絲、地雷阻絕了西甲子民與海親近的權利，宮廟石柱、祖先的墓碑化作保命的碉堡建材，壕溝與鐵絲網將傳統民居化作軍事化的地景。

數百年前的機緣，西甲先民於雙口海灘發現佛祖金身進而立廟奉祀，佛祖指派玄天上帝鎮守西甲庇佑村民，先民感念神恩，請火、鎮符、作敬建醮祈求合境平安，西甲也因共同信仰而展開數百年的聚落間合作模式。

威風凜凜的北風王，屋頂上的白雞，雄鎮海疆的湖井頭，守護著西甲村民的平安；而傍神作福的飲食文化，細餅、拭餅、兜麵祭祀了神明、祖先，也餵飽了先民的胃。

近年來，筆者多次參與紀錄西甲的請火刈香送王船儀式，二〇一二、二〇一五更因緣際會下全程參與西甲三年一科的大陸瑤頭上帝公祖廟請火儀式，過程中感受到村民對於信仰的虔誠。

二〇一七年由在地青年團隊「敬土豆文化工作室」籌劃的「土豆音樂祭」、文化局主辦的「發現烈嶼邊境小鎮」文化小旅行導覽，及配合富邦文教基金會之「青少年發聲獎」，作為台灣高中生進行報導移地訓練的田野老師，由這些民間團隊所規劃執行的公共創意計畫，個人有幸獲邀參與、貢獻過去對地方投入的認識，帶著金門與台灣學員深入西甲村落，去體現感受村民與土地間的對話，也共同促進更多人對於我們所居住的空間和時間進行關注、思考、對話和實驗。

去年個人以「烈嶼之心—東林的那些人、那些事」為題，入選文化局二〇一七村史計畫，並完成資料彙整集結出版，並獲得鄉親的肯定；二〇一八年適逢文化局再次辦理地方村史活動案，在西甲長老的鼓勵下，以西甲信仰為主軸參與活動，承蒙文化局肯定入選。

特別感謝洪清漳老師的提攜，不計個人毀譽擔任本書第二作者，引領我深入西甲，寫作期間，陳水炎、林金樹、林水綠、林馬騰、洪觀配、林德明、孫亞華、林媽肴、呂錄、呂建財、呂合成、林安棍、林素蘭、林水國、方建軍、陳建發、蔡福安、蔡福隆、林胡瑜等長輩、鄉賢，接受我的訪談，鉅細靡遺的為我解說屬於西甲的故事。

寫作期間，感謝文化局及審查委員的指導，提醒我除了「信仰」主題外，應多關注各聚落的空間、土地與人文發展，並指導如何去蕪存菁，讓本書更具可讀性。

本書共分為三個部分，第一篇開發篇：環境與生活，簡述烈嶼的地理及人文，西甲六聚落的開發，產業與生活，文化地景，探討人與土地的關係；第二篇信仰篇：宗教與文化，完整紀錄西甲因共同信仰而結合，佛祖與玄天上帝的信仰源由，及極具特色的宮廟藝術彩繪，因祭祀而衍生的飲食文化；最後，總結西甲因信仰而結合當地地緣組織。

本書雖以信仰為主軸，但決非一本鼓吹迷信之宗教書，是忠實的紀錄西甲子民與環境、自然與無形宇宙合諧的對話，透過本書，希望讀者能體會信仰的真善美。

林［簽名］

—目錄—

莊

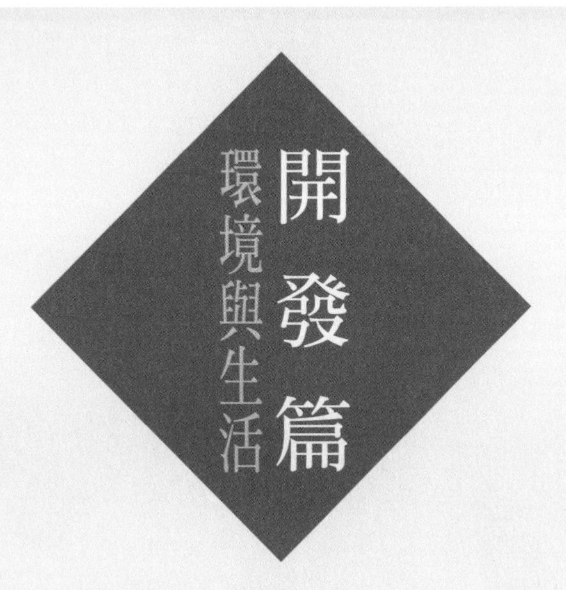

第一章

緒論：烈嶼的開發與人文發展

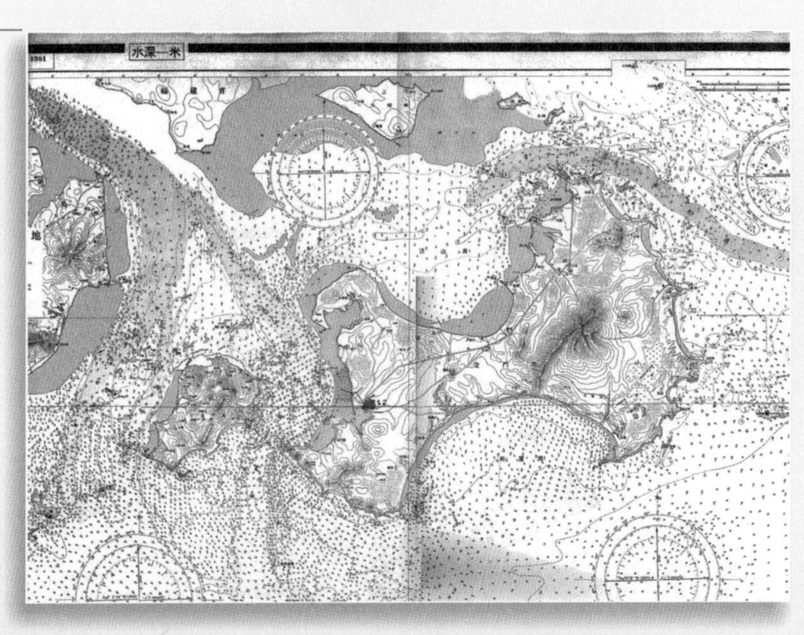

第一節　烈嶼的地理環境概述

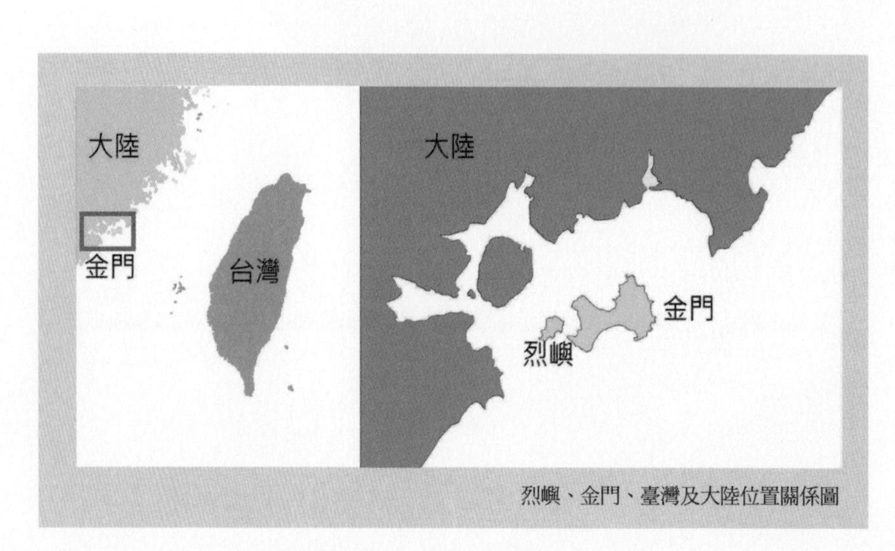

烈嶼、金門、臺灣及大陸位置關係圖

烈嶼俗稱小金門，為金門縣所轄十二島之一，位於東經118度12分至16分，北緯24度24分至28分。位居福建東南沿海，九龍江口外，西距大陸廈門島約七公里，東距金門本島約二公里，其特殊的位置，使其成了處於地理邊陲，又是兩岸往來交流的重要中心。

島嶼的地型外貌有如「斗笠」一般，明盧若騰《留庵詩文集》稱之為「笠嶼」；若從外海遠眺烈嶼島，兩端山脈分隔南北，有如裂開的二座島嶼；民間傳說烈嶼原與金門島相連，古代有位皇帝落難，被叛軍追殺，當他逃到烈嶼后頭時，叛軍緊追不捨，於是跪求上天曰：「天若佑我，請裂此地助我逃離追兵」，果得神明庇佑將此地裂為二島，即今之金門、烈嶼二島（呂合成主編，二〇〇七）；清《金門志》引述舊事志：「烈嶼本聯屬浯洲。宋帝昺航海至此，被元兵追急，山忽裂，得脫於難」。

此外在烈嶼西南方有大膽、二膽、三膽、四膽、五膽等諸離島、南方有形如鼎覆之狀古稱覆鼎嶼，後更名為「復興嶼」，猛虎嶼（古名虎仔嶼）；西北角有獅嶼(古稱鼠嶼)，南端有檳榔嶼，東北角有十八羅漢灘等島礁，這些島嶼環繞於烈嶼周遭海域，有如一列，故名「列嶼」。

無論是「笠嶼」、「裂嶼」或是「列嶼」，發音近似於「烈嶼」，故而得名。

烈嶼孤懸於海上，島的形狀東北寬而西南窄，縱橫兩端相等，約略為六公里，全島面積為十四點八五平方公里；島上丘陵起伏，以北方及南方兩大綿延起伏山脈最為突出，中間則為一狹小的平原，低窪處則有溪流及湖泊零星散佈，以此為界，分為「北嶼」與「南嶼」，「北嶼」又稱為「後山」、「後面」，有麒麟山、龍蟠山、紅山、靈山、大殷山、連山及白珠山等七座山峰，山勢較高；「南嶼」又有「前面」的說法，山勢較為低緩，有吳山、陽山、福上山、東崗、貴山五座山，整體而言，烈嶼呈現南北二邊多山，而中部一帶較為低窪平坦之地形。清《金門志》描述了烈嶼的地理形勢：「烈嶼在浯洲西南，隔水；廣二十里。上有吳山，與棲山、牧山、湖山相接，而吳山為最。又有麒麟山，以形似得名。」

島的中部，分別有源自於麒麟山與龍蟠山的「西路溪」，流經西路、東林等村莊，往南注入海；另一條為「南塘溪」匯以陽山以北之山坡雨水東北流至后井，折而向西北流，復匯靈山一帶高山雨水，經中墩雙口間入海，舊時西甲的玄天上帝廟赴祖廟瑤頭請火上香，便是從此處登船，順著南塘溪而出海前往，故又稱為「上帝公河」。

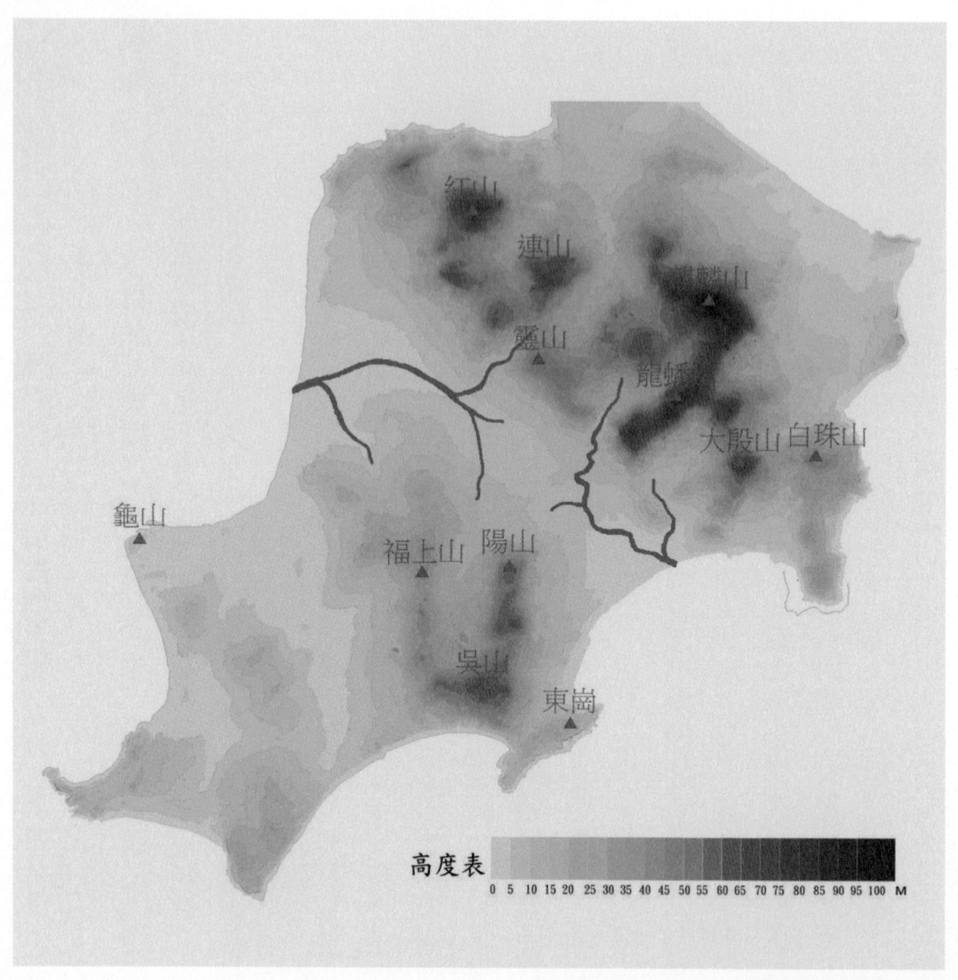

烈嶼諸山及溪流分佈圖

概括烈嶼的地形是呈現東北高而西南低之地景，南、北二側丘陵各自獨立成一系統，中間則為一狹小的平原，低窪處則有溪流及湖泊零星散佈。

烈嶼四面環海，海岸線長達二十多公里，擁有多樣的海岸地貌，依其地質特性區分為海崖、礁岩海岸、礫石海岸、沙岸及泥灘五種海岸地形；島的西南岸一帶的泥灘海岸，退潮時可退至數百公尺，而泥灘地的細泥含有豐富的有機物，孕養了為數極多的海底棲無脊椎動物，如文蛤、海蚵等；這些豐富的海洋資源也與當地居民的生活息息相關。

烈嶼土壤概以砂土及裸露紅壤為代表，前者沙層厚，保水保肥力均差，後者表土薄，酸性重，腐植質極少，土壤可謂貧瘠，又加上金門雨量稀少，所以農作物也只限於耐旱及少肥之雜糧作物，如高粱、花生、地瓜、玉米等經濟價值較低之耐旱性雜糧之作物。

烈嶼氣候冬季嚴寒，夏季炎熱。屬於亞熱帶季風氣候中的華南型。其位處於大陸東南邊緣，孤立海中，西面為大陸，東面隔臺灣海峽，遠接廣大的太平洋，再加上西南遠接南中國海。四周無高山屏障，秋冬時東北季風強勁。

夏、秋季節，來自於太平洋及南中國海的冷空氣及熱帶氣旋所形成的熱帶風暴，即今日所稱「颱風」，所引發的強風豪雨，對於島上居民的危害十分嚴重。在秋、冬之季，來自大陸北方高原的冷氣團源源不絕地南下吹襲，再加上烈嶼四面環海，島上無高山，低溫及強勁的風勢，威脅居民的生活，清《金門志》：「隆冬，海風猋驟，飛沙滾塵」即描述烈嶼冬日的景況。

第二節 烈嶼的聚落發展

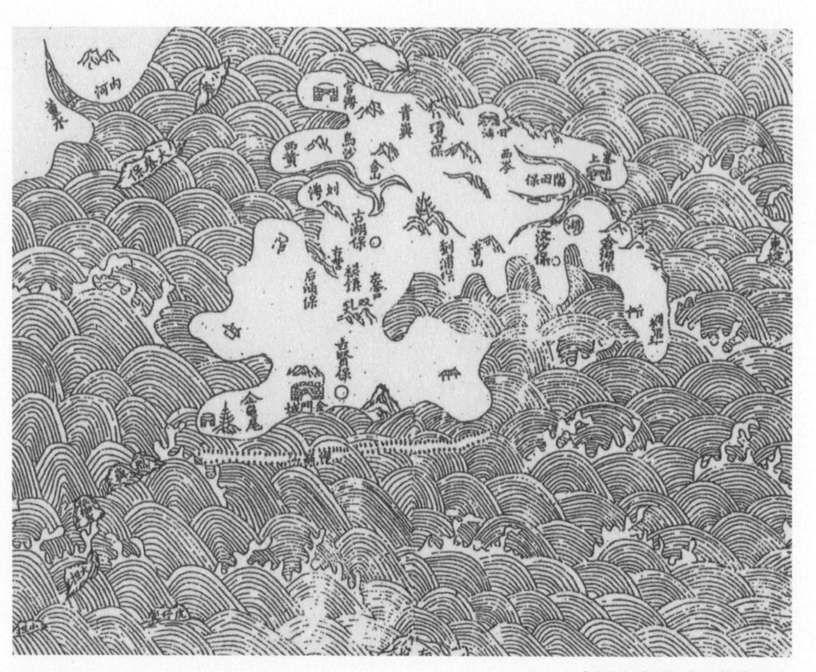

金門山海圖《馬巷廳誌》

烈嶼的開發甚早，據《馬巷廳志》記載，早在唐代時即有馬寨設置及零星移民散居；清《金門志》記載：

> 烈嶼在浯洲西南，隔水；廣二十里。上有吳山，與棲山、牧山、湖山相接，而吳山為最。又有麒麟山，以形似得名。……嶼前有牧祠，有軍營；嶼後有牧馬寨，有草堂。唐貞元間，監察柳冕置萬安牧馬處。

西元十三世紀，北方外族入侵中原，中原大陸連年征戰，政權更替迭繁，烈嶼由於鄰近大陸又孤懸海外，具有隔離作用，吸引許多中原人士為躲避戰禍而移民來此，烈嶼上庫《吳氏家廟重建記》：「……溯吾始祖安遠公，自宋代遷卜斯地……」，《烈嶼鄉西路林氏家廟重建落成奠安記》亦載：「考吾始祖君平公，自宋之末季，來自泉州馬坪，而居西宅家焉，距今約七百餘載……」；這一時期移民來烈嶼的氏族有：上庫的吳姓；上林、下林、西宅、東林等不同支系的林姓，青岐村落的洪姓，后頭村落的方姓，及曾在黃厝村落住過的黃姓（目前黃厝村以洪姓為主）和西方村落不詳的多姓等，而逐漸形成明初的烈嶼村落。

西元十四世紀，明初，海寇猖獗，頻頻侵擾大陸沿海地區，燒殺擄掠，無惡不作，對於沿海地區治安及人民生命財產構成相當程度的威脅，烈嶼首當其衝，相傳島上現后頭村西南處「李厝墩」，就是遭海盜倭寇火燒廢村（呂合成主編，二〇〇七）。明洪武二十年，江夏侯周德興在金門築城戍兵，興建金門守禦千戶所，經營軍事，翌年，又修築包括烈嶼在內的五個巡檢司，形成連綿的防衛體系（呂允在總編纂，二〇一〇）。

西元十五世紀明中葉，早期移民烈嶼者，經過一段時日墾居繁衍，已形成一定規模的聚落，由於人口的增加，

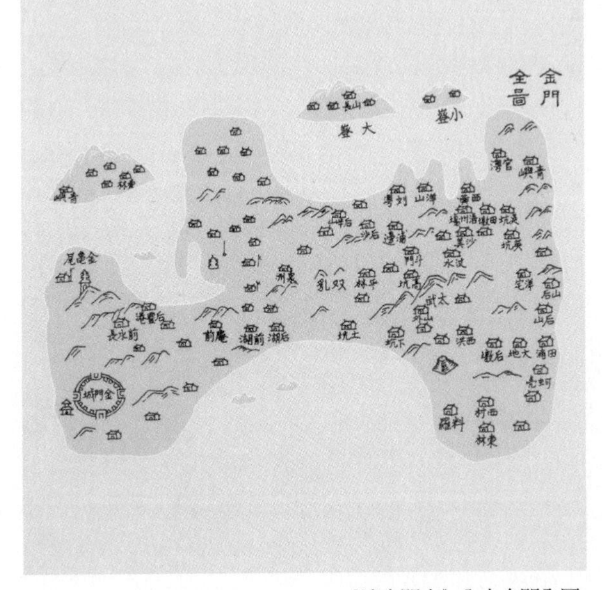

《清金門志》內之金門全圖

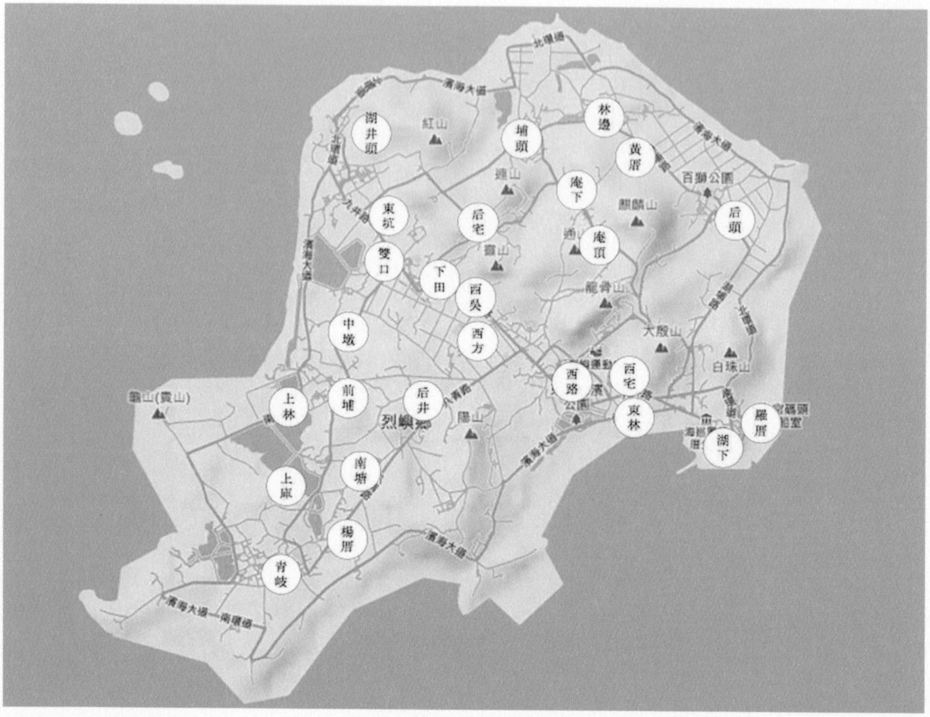

烈嶼村落分布圖

原有的耕地已不足以應付繁衍的氏族，故必須再尋找開發其他的墾地；如下林之林姓氏族於第三世時分居西方，因而就近到雙口海邊捕魚維生，到第四世時，再到雙口墾居，遂形成今日雙口聚落；西宅林氏二房於第六世時，在距村址不遠處墾田，後遂繁衍形成西路村；同時期青岐洪姓七世洪包分居黃厝，其孫洪魁基再由黃厝分居埔頭。在這一時期移居烈嶼的聚落，尚有呂姓氏族由大金門林兜先移居后頭，娶后頭方姓為妻，然後再遷居後山村（今已消失），最後再遷往上東坑，定居至今；而下東坑則有杜、孫、程、蔡、林、陳六姓，其中陳、蔡兩姓早於呂姓來東坑開墾；湖下村陳姓則是由廈門遷來，後分支后井、中墩、上庫等村落，形成這些村中的少數陳姓。

從一八二一至一八五〇年間，烈嶼與鄰近各邑往來密切，更促成不少移民移至烈嶼；如蔡姓自金門瓊林分居至下田、西吳、南塘；其他則由大陸遷居至此，如庵頂的謝姓、庵下的莊姓、后宅的蔡姓、羅厝的羅姓、前埔的楊姓、后井的洪、林、陳等姓於此時分別遷入烈嶼。

這些來自中原大陸漢人移民，依其需求，各自尋找適合定居的村址，歷經多年的開墾與繁衍，在血緣與地緣的交互作用下，逐漸形成今日烈嶼聚落的規模，有西路、西宅、東林、湖下、羅厝、青岐、上庫、楊厝、上林、中墩、南塘、后井、前埔、湖井頭、東坑、雙口、下田、西吳、西方，后宅、黃厝、埔頭、庵頂、庵下、后頭、林邊等計二十六個村落。

第三節 聚落的聯合與互助：「連通社」的成型

烈嶼孤懸海外，封閉性的海島地型，在資源有限及環境的限制下，人與人、聚落與聚落間的關係非常緊密，不同時期所形成的聚落，往往因婚喪喜慶或者是節慶祭典等民間祭祀信仰，自然地建立起聚落間關係，而發展出「連通社」的聚落合作模式，透過連通社的運作，不同聚落間的居民相互合作，資源共享；烈嶼地區連通社依其組成特性，大致可分為下列幾種類型：

一、以姓氏血緣為主的合作類型：

同一姓氏，有共同祖先及血緣關係，自然容易形成互助的關係；如西路林氏是由西宅二房於第六世時分居而來，歷經數代繁衍而形成，故西宅與西路又稱「兄弟社」；青岐洪氏傳至七世洪包遷徙至黃厝定居，洪包孫洪魁基再分居至埔頭；另外青岐部分洪姓，因農作而遷移至鄰近楊厝，與原傅、丁、謝三姓共同居住；下田蔡氏自金門瓊林遷入，而後再陸續遷至西吳及西方，故下田、西吳及西方形成互助的關係。

二、以地域為主的合作：

烈嶼島小地域受限，除上述具有血緣關係之聚落形成的互助模式外，不同姓氏之聚落，也往往因地緣便利，而建立起合作關係，如湖下與羅厝，同位於島的東側，而以「兄弟社」相稱，或稱「上社」、「下社」；其他如庵頂、后宅及庵下，湖井頭與上東坑，中墩與后井等也是如此；而上林、下林分屬不同林氏派下，但基於地緣關係，並與鄰近高厝、中墩等合組連通社。

三、共同建廟的合作模式：

宮廟為聚落的信仰中心，但在烈嶼開發初期，許多聚落無力單獨負擔建廟所需費用，故往往不同聚落聯合興建宮廟，如林邊「李府將軍廟」為黃厝、埔頭、庵頂、庵下、后宅及林邊等六聚落居民共同出資興建；而本書地點「西甲」則為湖井頭、東坑、雙口、西吳、下田及西方六聚落因共同興建佛祖廟而結合。

四、聯合「刈香」的合作模式：

宮廟作為烈嶼居民信仰中心，居民敬奉所祀神明為「境主」，庇佑鄉民，在每年農曆正月初十至十八之間，烈嶼各聚落舉辦「刈香、遶境」儀式，將以宮廟為主的點的防禦範圍，擴展到村落的空間範圍，達到面的防禦，達到「合境平安」，故又稱為「十八香」。

由於「刈香」遶境神明巡安儀式，需要動員較多的人力、物力來操辦儀式的進行，或因前述不同聚落共同興建宮廟，故由不同聚落聯合舉行，如正月初十上庫與南塘；正月十二日，林邊、埔頭、庵頂、庵下與后宅；正月十五日，西方、下田、西吳、雙口、東坑與湖井頭；上林、下林、高厝、中墩、前埔與后井；正月十八，西宅與西路。

五、「大道公輪祀」的四甲畫分：

烈嶼孤懸海中，自古以來，戰事綿延，兵禍不斷，基於同島一命，為求生存，島上的聚落相互間自然的形成合作的關係；而且早期農業社會，醫療匱乏，瘟疫等傳染性疾病橫行，居民生命飽受威脅，由於民間信仰傳說保生大帝精通醫術，具驅除瘴癘，妙手回春，濟世救人之神力，故居民於明初自同安白礁迎來保生大帝香火，於福山山頂建廟祭祀，原稱為「大道公宮」，相傳建廟之初島上僅有八間廟，因此由此八間廟的鄉老輪流掌管廟務，故稱為「八保老大」。

十六世紀，明朝嘉靖年間，荷蘭人挾船堅炮利攻佔金門烈嶼，強奪劫掠，燒屋擄人，大道公宮亦遭焚毀，相傳保生大帝神像由當時廟祝移至西方佛祖宮避難奉祀，躲過戰火摧毀；由於保生大帝廟毀損，無廟可供奉神明，而民間又相信保生大帝福佑居民的神力，故各聚落爭相請回宮廟奉祀，以期能得到保生大帝的庇佑；在各聚落爭搶下，難免造成紛爭，直至清初，烈嶼鄉民協議，將烈嶼劃分為「四甲」組織，並於每年農曆十二月十八、二十、廿二這三天當中擇一吉日，由當值「甲」內聚落迎請保生大帝至該聚落境廟奉祀。

四甲分別為：「一甲」為青岐甲，由青岐、楊厝聚落組成；「二甲」為西方甲，由西方、西吳、下田、東坑、雙口、湖井頭六聚落組成；「三甲」為上庫甲，有上庫、南塘、湖下、羅厝、后頭、黃厝、林邊、埔頭、庵頂、庵下、后宅等聚落；「四甲」為上林甲，有上林、前埔、中墩、后井、東林、西宅、西路等聚落；配合傳統民間天干地支紀年方式，也就是每逢地支年子、辰、申歲次由青岐甲奉祀，西甲輪祀丑、巳、酉歲次，上庫甲輪祀

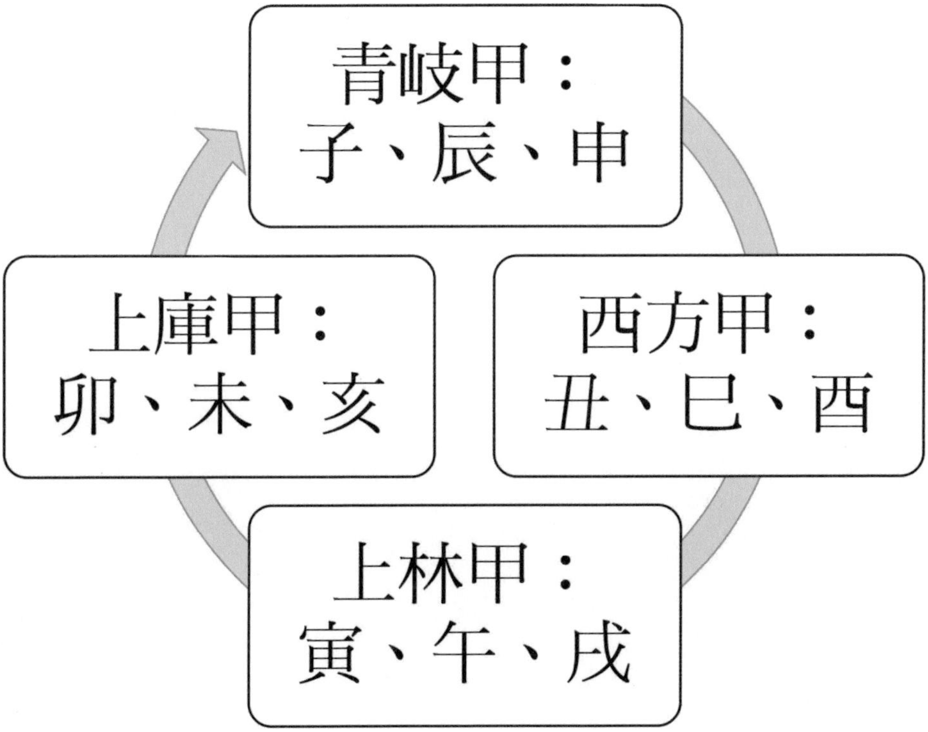

青岐甲：
子、辰、申

上庫甲：
卯、未、亥

西方甲：
丑、巳、酉

上林甲：
寅、午、戌

烈嶼保生大帝四甲輪祀關係圖

寅、午、戌歲次，上林甲輪祀卯、未、亥歲次，以每一年一甲之方式依序輪祀，並以六十年為一轉，每甲各請十五次。

六、其他類型的合作：

烈嶼山多田少，耕地不足，氣候惡劣，資源有限，農業生產困難；且地處帝國邊陲，政府無力照顧，自然成為盜賊覬覦的目標，因此自古以來天災、戰禍無時無刻不威脅著島民的生活，迫於無奈先民不得不外出找尋生路，其中又以南洋的新加坡為主；先民們初到新加坡，首先面臨著風俗、語言、文化等異於家鄉的陌生環境，人生地不熟，先民們只能相互扶持，組織團結爭取共同利益，其中來自西甲雙口及下東坑的鄉親，成立「金合發」估俚間，對內互相照顧和彼此關懷，對外則團結一致爭取鄉親最大利益；由於金合發估俚間成員間相互扶持，團結一致，故原鄉雙口與下東坑的鄉親，也互相幫忙形成「連通社」。

第二章

以佛祖為名的地緣甲頭：「西方甲」的形成

西甲空照圖

「西方甲」，是指「西方」、「西吳」、「下田」、「雙口」、「東坑」及「湖井頭」等六個村落，因共同奉祀「釋迦佛祖」及「玄天上帝」所結合的地緣組織，其位置大約於烈嶼島上的中部往西北方低漥位置，又稱為「西甲」，北方有紅山、連山，南有西湖，東接靈山。

西甲在行政劃分上，編屬於西口行政村，據金門縣政府民政處二〇一七年十二月份人口統計資料，西甲人口數大約佔烈嶼地區總人口數的二成，如下表：

	村落數	戶數	總人數
烈嶼	26	3136	12700
西甲	6	645	2595
比重%	23	20	20

西甲與烈嶼人口比較表

第一節 軍事化的聚落─湖井頭

一、湖井頭的開發

湖井頭位於烈嶼西北角，地處觀音山、紅山等丘阜所圍成的盆谷內，相傳開墾初期盆內有湖沼，居民基於農耕及生活需要，亦開有水井，因居民處於水源高處，故取名為「湖井頭」。在舊時，湖井頭依其地形分為二地，在北邊，地勢較高者，為「頂（上）湖井頭」，南邊為「下湖井頭」也就是現今的湖井頭；相傳舊時頂湖井頭的村民極為兇悍，對於周遭鄰里，稍不如意，即拳腳相向，例如西甲西方宮酬神謝戲，若頂湖井頭人未到，即使吉時已到戲已開演，頂湖井頭人往往怒拆戲台，中斷演出，傳說有位風水師途經西甲，遭到頂湖井頭人暴力相向，風水師一怒之下，在鄰近雙口附近，設立「頂通山」（即亂葬

湖井頭位置圖（底圖取自於金門縣都市計畫整合資訊系統）

崗之意），以破壞頂湖井頭的風水，至此不到一年頂湖井頭便沒落了。

湖井頭因濱臨海邊，又最靠近大陸廈門，自古以來一直就是出入烈嶼的門戶，也是島上對大陸通航的重要口岸，相傳明末鄭成功當年就是在此登陸，後沿著舊時鹽水路到達吳山，會盟明朝遺臣高舉反清旗幟。

湖井頭東邊為觀音山，南面和東面分別與東坑和埔頭為鄰，西臨大海，耕地有限，基於地利之便，經濟活動主要以海洋資源為主，湖井頭與廈門之間的海域，有著豐富的海洋資源，北側之「雞屎灘」，傳說為「馬鮫魚」穴，盛產馬鮫魚，每年四至八月為產季，聚集眾多漁船捕魚，其他季節亦有漁船穿梭這面水域，是舊時著名的漁場，湖井頭居民主要從事近海漁撈，在一九四九年以前，幾乎每家戶都擁有單桅漁船從事漁撈，空閒時並充作交通運輸船，將烈嶼生產之蚵乾、花生、地瓜籤運至同安、廈門、漳州、石馬販售，回程時再購買大米、建材等民生用

湖井頭地景圖

品。

湖井頭一帶以前為大陸沿海漁民來烈嶼捕魚之一定點，常有漁船往來於大陸、烈嶼之間，後遂有定居者；由現存「洪氏祖墓」墓碑上所留清光緒年間所立，推斷在十九世紀清中葉，洪氏即已在此定居，相傳湖井頭洪姓即因在大陸生活困苦，而由大陸翔安遷徙來此，初期先居住在東坑，之後二房遷往上湖井頭，三房則仍留住東坑，最後再分支遷往下湖井頭定居；上湖井頭以洪姓為主，下湖井頭則有洪、莊、許、黃、陳、呂等多姓，在清代尚有謝姓在此居住；目前的湖井頭即是當時的下湖井頭，在上湖井頭廢村後，有部份洪姓遷來，遂成為以洪姓為主的多姓村。

二、海疆重鎮

一九四五年抗日戰爭結束後，稱為「和平時期」，但人民並沒有因戰爭的結束而享太平，接續著是一連串的「國共內戰」，隨著國軍在大陸戰場的失利，政府在烈嶼「抽壯丁」以支援大陸

湖井頭海域

地區對共軍作戰；一九四八年，福州綏靖公署湯恩伯司令部的警衛隊就進駐烈嶼；一九四九起隨著國共戰事的緊張，國軍先遣部隊陸續登陸烈嶼，同年中秋節過後，第五軍軍長李運成、二〇〇師師長麻心全自大陸撤退來到烈嶼，當時載運部隊的大型運補船，受限於烈嶼的碼頭規模，無法直接靠岸，只能停靠在外海，因此先期的先遣部隊，徵召湖井頭的漁民駕著自家小型風帆，自外海將部隊接駁上岸；當時軍部與師部設在西宅，五九八團駐守青岐、五九九團部駐西方，六〇〇團駐在西吳。湖井頭由於位於島的西端最鄰近大陸，更是佈防的重地，國軍佔用民宅充作軍營，拆除宮廟上的石材、死去先人墳墓的墓碑、海灘上居民賴以為生的「蚵石」等，甚至要求居民去撿石頭構工，在村落內民宅四周、巷道間，築起一道道防禦的工事，只留下一個個射口，隨時準備要迎接匪軍登陸後之巷戰（呂合成主編，二〇〇七）。

一九五四年「九三砲戰」過後，國軍加強包括烈嶼及各離島間的防務，位於烈嶼西北方的「鼠嶼」，因其形勢遠觀如「鼠」故而得名，它處在烈嶼與廈門之間，與湖井頭相距約一千公尺，扼守兩島之間的水道，極具戰略價值，國軍將它列為重點防禦對象，加強島上防禦工事的建設，徵召熟悉烈嶼周遭海域的湖井頭漁民，協助運補建設鼠嶼所需水泥、石塊等建材及島上兵力補充等。

當時兩岸情勢緊張，偶爾還有零星的砲火，海灘上更是佈滿地雷，海岸上「十步一哨、百步一崗」，劍拔弩張戰事一觸即發，居民飽受戰火威脅，根本不敢下水出海捕漁，對於國軍的強制徵召，敢怒不敢言。

當時共徵召了十三名船員，將其分組排班，每天輪值三名支援軍方運補，配合潮汐日

副總統謝東閔先生參訪湖井頭

以繼夜，不論颱風下雨，往來於湖井頭與鼠嶼之間，期間還要閃避共軍的砲火，運水、運糧食、運彈藥，連草皮都運過去，即便如此辛苦，由於是「非編制」人員，軍方只提供了兩名「戰死士兵」的配額即兩份糧餉，平均分配給十三人，每人每月大概可分得少許鹽和幾斤大米（呂合成主編，二〇〇七）。

此外由於湖井頭位置險要，軍方在此重兵駐守，並在村落的西北端懸崖處，建築堡壘式碉堡，軍方在村落入口處，設立崗哨管制出入，進出湖井頭，不論軍民均需檢驗身份證明，以防敵人滲透；一九五八年「八二三砲戰」之後，國軍又在緊連碉堡處增建播音站，裝置三〇只大型擴音器，肩負心戰喊話任務，及空飄文宣品與海漂民生物質的基地，是長官和外賓到烈嶼必參訪的據點。

一九八〇年代後期，兩岸情勢和緩，

1970年湖井頭李將軍廟

烈嶼的駐軍逐漸撤除，軍方才撤除村口的崗哨，解除對湖井頭的管制；一九八八年時任參謀總長的郝柏村，蒞烈嶼視察，有鑒於小金門無戰史館，乃囑咐當時陸軍一五八師師長宋恩臨將軍籌備建館，軍方於是將原「湖井頭連隊」駐紮之碉堡，改建為「戰史館」，一九八九年元月十九日落成啟用，開放各界參觀，不少遊客慕名而來，是參訪烈嶼地區必遊的景點，昔日大軍駐紮的湖井頭，變成觀光客穿梭其中的旅遊勝地。

三、民間信仰

在村入口處湖井頭十六號「祖師公、李府將軍」廟，是村民的信仰中心；廟中主祀「祖師公」，又名真異大師；據世界孫氏宗親聯誼總會會長孫吉龍，於二〇一五年四月份來到湖井頭參訪時指出，真異大師原名「孫應」，乃集美孫厝人，又稱「孫應祖師」，於一一九六年（南宋慶元二年）出生於同安仁德里十一都孫厝；相傳孫應自幼聰穎並具慧眼，三十多歲時出家，法號「道源」，苦心修行數十年，法力無邊，時常為周邊百姓看病，並且為人指點迷津，降妖伏魔，克服蝗災，鄉民尊稱為「神僧」，官府敕封為「真異大師」；一二九三年在泰湖岩圓寂升化，享高壽年九十七，圓寂後，又被追賜為「惠應祖師」，在安溪與廈門等地的善信視為神明供奉，並尊稱為「祖師公」。

湖井頭奉祀「祖師公」的年代已不可考，相傳在古代，先民在今「墓仔口」即湖井頭出海口處建廟奉祀祖師公，基於地利之便，不少往來大陸與烈嶼間之旅客，必到祖師公廟上香祈福，祈求庇佑行程平安，香火非常興盛；明朝年間，島上的東林村林氏，其第六世林可棟字金波，為當朝太子師傅，為人清廉，過世後追封為相國，皇帝御賜「橫棺」歸葬，「橫棺」而行，逢屋即拆，否則以錢疏通而過，當棺木自湖井頭上岸時，林氏相中「祖師公」的廟址，認為是風水寶地，可庇佑林氏子孫；由於林氏有皇命加持，村民不敢違背，故將祖師公廟往東南側遷移，即現今軍方之誠實堡後方。

一九四九年後，兩岸砲火猛烈，祖師公廟毀於砲火下，一九六四年曾經重修；一九八四年由村民洪朝根捐獻現址土地二百四十平方公尺，聯合汶萊、新加坡及海內外信徒，集資新台幣壹百陸拾餘萬元重建，完工後的祖師公廟，為混凝土「不見木」結構，單進式單開間加拜亭格局，東側置金爐及碑亭，石碑紀錄本次建廟捐款信眾姓名及捐款金額；廟內牆壁貼以瓷磚連環壁畫，為烈嶼著名彩繪大師林天助所繪，以「薛丁山征西」故事題材為繪畫主題，上方則為三十六官將神明；拜亭門楣書寫「祖師公」，內殿大門上方門楣則書「李府將軍廟」；李府將軍原供奉於西方佛祖廟，十六世紀明朝末年，荷蘭人仗著船堅砲利，搶劫大陸沿海諸地，烈嶼深受其害，佛祖廟亦不能幸免遭砲火焚燬，李府將軍神像乃移至湖井頭奉祀。

「祖師公、李府將軍」廟配祀「紅面清水祖師」、「黑面清彭祖師」，此外有別於烈嶼其他宮廟，廟之「龍側」東龕供奉「福德正神」，「虎邊」西龕供奉「註生娘娘」，地龕奉祀「虎爺」；每年農曆正月十五上午，村民將廟中神像以神輦移至西方宮，配合西方「佛祖廟」請火、刈香，下午村民則在廟前廣場擺設香案，迎祀「上帝公」等西甲境內各神明「吃香案」，隨後遶行境內以祈求合境平安，傍晚送上帝公回駕後，再依湖井頭境鎮符以保平安。

五月初十為祖師公聖誕，村民延聘道士作敬建醮，為祖師公祝壽，祈求合境平安，當天並「燒過山禮」，村民添載禮送過路「王爺」遊天河；農曆九月十七日，李府將軍聖誕，早期，村民仍舉行作敬建醮，在一九五〇年代以後，國軍進駐，人口外移，才逐漸取消作敬儀式，僅以牲禮、金帛祭祀。

一九四九年後兩岸對峙，高張力軍事對抗，兩

湖井頭「祖師公、李府將軍」廟

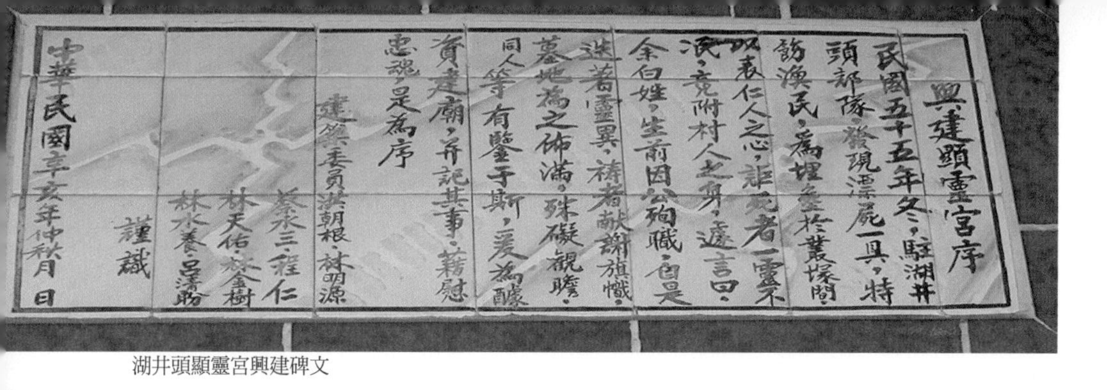
興建顯靈宮序

民國五十五年冬，駐湖井頭部隊，發現漂屍一具，特飭漁民，爲埋葬於叢塚間，以表仁人之心，詎死者一靈不泯，竟附村人之身，遺言曰：余白姓，生前因公殉職，自是迭著靈異，禱者獻謝旗幟，墓地爲之佈滿，殊礙觀瞻，同人等有鑒于斯，爰爲醵資建廟，並記其事，藉慰忠魂，是爲序

建築委員 洪朝根、林明源、蔡永三、程仁、林天佑、林金樹、林水養、呂清盼 謹識

中華民國辛亥年仲秋月 日

湖井頭顯靈宮興建碑文

岸居民成了無辜受難者，皆有死傷；一九六六年冬，駐湖井頭部隊，發現大陸水漂屍體，乃和村民合作將其埋葬在湖井頭海灘；相傳死者相當靈性，附身托夢於村民身上，自稱姓「白」，生前因公而殉職；「白先生」托夢的靈異訊息在島上傳開來，村民爭先前往膜拜，一時之間墓前香火異常興旺，尊稱為「白將軍」；一九七一年湖井頭與鄰近東坑及雙口居民發起集資建廟奉祀，位於湖井頭港出海口旁，稱為「白將軍廟」；一九八七年重建，為單進式單開間加拜亭格局，混凝土「不見木」結構，名為「顯靈宮」；廟正面左右龍、虎堵上分別記述建廟源由與信眾捐款徵信，每年農曆九月初一日訂為白將軍誕辰，聘請道士作敬建醮為其祝壽，村民準備菜碗、金帛、牲禮祭祀。

此外位於顯靈宮左前方出海口位置「關帝廟」，供奉關聖帝君，另有觀音佛祖等多尊神像，為當時營區駐軍撿拾海漂神像，建廟奉祀，駐軍撤守後，由居民接手焚香祭祀。

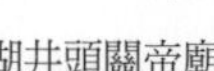
湖井頭關帝廟

第二節 異姓聯宗：東坑

東坑位於紅山腳下，北與湖井頭為鄰，東南與西南方則和下田、雙口相鄰；相傳唐代在紅山設置牧馬寨，故紅山舊名「牧山」，現地表因風化呈紅土故稱「紅山」、「紅石山」，《新金門志》載：「牧山，今名紅石山、紅山、又名西方山。東一峰曰連山，西麓曰湖井頭。牧塞、草堂，當在其處，今父老已不能知」（許如中，一九五九）。

紅山高約一百公尺，山脈延長，冬季阻擋凜冽的北風，紅山山腳下有條匯集之溪流，形成大水窪，相傳終年不絕，先民開墾拓荒時，有感於此地背山面海，又有水源可供灌溉，因此在此落戶定居，名為「東坑」。

東坑依其地勢又分為二甲頭，位於北側地勢較高者，稱為「上東坑」，主要居住呂姓居

東坑位置圖

民，在東坑的南邊鄰近湖井頭處，地勢較低，稱為「下東坑」，住有杜、孫、胡、陳、蔡、程等姓，為多姓村落(呂允在，二〇〇三)。

一、呂氏的入住與開發—上東坑

西元十世紀唐末，呂競茂自河南光州固始縣遷徙至福建泉州晉江曾埭之草垵，為呂氏開閩之始祖；歷經世代繁衍，傳至十一世呂延元，號千二使，渡海來到金門西倉，傳至呂望晃，號三才，於西元一四〇四年明永樂三年遷至林兜，因不堪風沙侵襲之苦，十八世呂宗義遷至烈嶼，初期先至后頭，娶后頭方氏為妻，再遷至後山村(現已消失)，最後再選定具有發展農、漁優勢的東坑定居，生子呂樸寶字天佑，為東坑呂氏開基祖，後裔稱為「開基東坑祖」，《呂氏家廟修建記》(一九八四年)載：「吾宗始祖兢茂公，由因避難河南光州固始縣移遷入閩，後子孫分住金門林兜，至望晃公乃來吾東坑定居，自是子孫日漸繁衍……」，

東坑空拍圖

呂氏家廟

東坑呂氏為林兜望晃派下後裔，以「河東衍派」為堂號，「中原文獻」為燈號。

呂氏歷經數代繁衍，生息成族，相傳東坑呂氏生有九子，再收養一子合十子，喻意「十全十美」之意；東坑呂氏家廟的肇建年代已不可考，現一九九六《重建記》碑文上記載：「由是賴祖澤餘蔭，生息成族，迨宋淳佑七年，始建家廟，以備蒸嘗，歷元，明，清三代，曾有數度修葺」，宋淳佑七年為西元一二四七年，其中所指「始建家廟」應是指開閩呂氏家廟；東坑呂氏家廟於近代一九二九年、一九六七年、一九八二年分別修建，現呂氏家廟的規模為一九九五年動工修建，翌年一九九六年完工奠安。

完工後的呂氏家廟，位於東坑十四號，清雲祖師廟左後方，背倚紅山，面村前水塘，單進式三開間格局，正殿為九架樑三通五瓜「不見木」水泥仿古結構，基坐採用花崗岩「丁字型」砌法，屋頂紅瓦，屋脊為燕尾翹脊型式，搭配彩繪泥塑脊飾及山牆脊墜，整體而言莊嚴而繽紛。

三川殿門楣上書「呂氏家廟」，正殿有宋代「理學名賢」匾額，為近代重製，上款：宋朝散大夫同知泉州府事沈諱忠，為淳祐七年二甲進士，吏部侍郎崇政說書，呂大奎所立；其他尚有一九九六年家廟奠安匾共十五塊；大廳兩側壁面立有碑石，記述呂氏家廟修建及重建歷程。

正殿祖龕供奉呂氏開基祖及歷代先祖牌位，左側龍邊奉祀呂尚（姜太公）神像，右側虎邊供奉土地福德正神；東坑呂氏家廟每年集中祭祀六次，分別為農曆除夕送神並辭歲、春分「排上元」、七月十五慶中元、秋分「酒米飯」、九月十八日呂尚姜太公生日、及冬至祭祖。當日東坑呂氏家廟輪值頭家先行準備五張供桌，各家戶準備「菜碗」、牲禮、金帛，至宗祠內上香祭祀，祭拜完後將菜碗再經烹煮成三桌份量，邀東坑族人齊聚用餐，藉以聯繫情感；除夕因旅居各地的族人也會趕回參與，人數較多，因而準備五桌，配合各家戶團圓習俗，宗祠擇在中午時分聚餐，其餘節日則選在晚上。

二、異姓聯宗─下東坑六姓宗祠

下東坑的開發甚早，相傳呂氏族裔來到上東坑以前，下東坑已有陳、蔡兩姓氏居民在此居住(洪曉聰，一九九四)；大約在十七世紀初期清初，杜氏自同安馬鑾遷移至此，清康熙年間，約在一六六二－一七二二年間，孫清贊由廈門柳塘遷來，成了下東坑孫氏始祖；胡氏於清中葉咸豐一八五一－一八六一年間，自湖北漢口遷來至此；下東坑林氏分別分屬不同派下，沒有血緣關係，有一林氏，從其族譜記載，從福建的塔頭分支泥窟，再分支到後溪，約二百多年前再分支到今日烈嶼東坑，其燈號為「雁塔」，一世開基祖卒於康熙年間，而二世祖生於康熙甲辰年（一六六四年），故推估塔頭林姓開基祖在一六五〇－一六六〇年之間搬遷至東坑；另一林氏則無法考證，同以「西河堂」為堂號；程姓的遷徙歷程已不考，《烈嶼鄉志》載：「望出廣平、安定。居於東坑」，而《金門縣烈嶼鄉東坑六姓宗祠重建誌》碑文記載：六姓宗祠始建於一八七八年清光緒四年。從而研判下東坑在十九世紀後期已呈「多姓混住」村落。

烈嶼孤懸海外，政府力量鞭長莫及，自然成為盜賊覬覦的目標，因此飽受盜賊侵擾；又山多田少，資源有限，為了生活，島上居民為資源分配問題常起糾紛。故此同姓宗族聯合興建「宗祠」，用以供奉祖先神位，透過定時、定期的祭祀行為，達到敬宗收族的目的；同時宗祠也是家族的權力中心，舉凡家族內鄰里糾紛排解等司法裁判、執行宗族規法、議事資源分配等宗族大事皆在此決定，遇有與其他族裔的爭議事項，也在此集合透過宗族力量談判取得最佳利益，故此人丁興旺的大姓，具有強大的宗族實力，往往取得優勢；因此宗祠的興建以同宗同姓氏為主，有些大姓氏族，人丁繁衍，分房祧或遷徙分支異地，則再獨立興建「小宗」宗祠，但基本上均以具有血緣關係同一姓氏為主；但下東坑「六姓宗祠」門楹上書：「六姓同宗如兄如弟；一堂共祀若子若孫」，清楚的說明六姓宗祠為不具血緣關係的「六姓」人家所興建。

六姓宗祠興建源由，據一九九一年重建碑文上所述：「蓋我六姓於明清間先後入居東坑，素相敦睦，惟各姓丁戶皆少，咸難獨力建祠……清光緒初六姓長老宗賢基此共識，協商結盟聯宗，律定住東坑者六姓永不通婚，並就年齒相若者依尊卑長幼輩序相稱，以別婚姻血統，明昭穆倫常。進由陳姓祖婆献地，建祠合祀，諺「六姓同宗，如兄如弟；一堂共祀，若子若孫」之聯於堂廡，俾六姓子孫永矢咸遵。清光緒初六姓長老宗賢基此共識，協商結盟聯宗……」。下東坑有杜、孫、程、林、蔡、陳、胡等多姓混居，但各姓家戶與人丁皆不多，無力各建宗祠，又怕祖先沒有宗祠可供後代祭祀，於是六姓聯合興建宗祠，並相約宗祠內六姓之後代情同手足互不通婚。

關於興建六姓宗祠，民間流傳著一個故事傳說：相傳在東坑最早是由陳、蔡兩氏先行入居，取得下東坑較佳的交通要道及較為平緩的土地耕種，十五世紀呂氏遷入東坑時，只能選擇靠近山區，地勢較高的上東坑居住，其他胡、杜、孫、程、林氏則散居於下東坑；在清光緒年間，東坑以陳姓最為興旺，主要居住在東坑的中心，即上、下東坑的交界處，管制著上東坑出入要道；相傳下東坑七姓之中，以陳姓最為強勢，他聯合蔡姓與胡姓，欺凌呂姓，陳氏掌握呂姓進出必經的道路，每次呂氏自海邊捕魚回來，魚簍要交給姓陳的檢查，然後取走了最大尾的魚，只留一些小魚；同樣的田裏的農作挖蕃藷，回來也要經陳氏檢查，並拿走體型較大的蕃藷而留下小的給呂氏，村中流行著一句順口溜：「陳皇帝，蔡國公，胡軍頭，呂婊囝」。意即陳氏作威作福，有如「作皇帝」一般，蔡姓跟姓陳的後面獻計謀，所以叫「蔡國公」，胡姓則動手執行，故稱「胡軍頭」，至於呂姓最可憐，常受欺負，也被嘲弄為婊子生的兒子。

呂氏本有九個兒子，再領養一個成為十個兒子，喻意「十全十美」；其中有一個兒子，正值一、二十歲血氣方剛的年紀，無法忍受一再受到欺凌，因此離家到對岸廈門去學工夫，歷經磨練武藝高強；當他練就一身高深的武功回來後，再也忍受不住陳氏的欺凌壓榨，奮而起身反抗，由於呂氏青年武藝高強，陳姓數名壯丁根本不是對手，一一被他點住穴道，氣血無法循環；雖然呂氏青年臨行時曾好意提醒，穴道被點住了，只要他們服輸不再欺壓呂氏族人，他會出手救治；不過聽說陳氏吞不下這口氣，也沒去找呂氏求救，就這樣，家大業大的陳氏，四、五十名壯丁就相繼過逝，到最後只剩下陳氏母女，女兒還在吃奶的年紀；陳氏祖母原為廈門人家女兒，讀過書有見識，雖早已看不慣自家族人欺壓呂氏的事情，無奈在舊時女子是沒有身份可發言的，在陳氏男丁相繼過逝後，陳氏祖母一方面擔心孤兒寡母的沒人可相照應，一方面則擔心陳氏香火就此中斷，無以為繼，淪為「倒房」，在孤立無援之下，陳家祖母聯絡下東坑的蔡、孫、杜、程、林等五姓，提議聯宗，成立一個「六姓宗族」，並由陳氏獻地共同興建宗祠，奉祀六姓各家祖先，並相約六姓宗族內互不通婚，若通婚，祖厝的屋瓦要拆掉（姚寶媜，二〇一六）。

關於下東坑陳氏衰敗的原因另有一版本，相傳舊時有位來自大陸的「地理師」，自湖井頭上岸烈嶼後行走至下東坑，突染疾病，不得以向下東坑陳氏求助，陳氏非但不予幫忙，還惡言相向強行驅趕，幸好上東坑呂氏憐其病苦而予以接濟救治，風水師病愈後，非常感激呂

東坑聚落

六姓家廟

氏的義行，同時對於下東坑陳氏見死不救及欺壓弱勢的行為非常憤怒，因此暗中作法破壞下東坑陳氏的風水，過不了多久，陳氏男丁便逐一發生事故而衰敗，僅留孤兒寡母，而上東坑呂氏因心存善念，因而日漸興盛，成為東坑最大氏族。

上述雖然是流傳上百年的傳說故事，但也反應舊時宗族社會一切講求「實力」的事實，小家姓的氏族為求自保，不得不聯合起來壯大自已，以便和大姓相抗衡。

東坑六姓宗祠始建於一八七八年清光緒四年，其間歷經幾次修建，現今六姓宗祠為一九九〇年動工修建，翌年奠安慶成。

完工後的六姓宗祠，位於東坑三十四號，為單進式三開間形制，正殿為九架樑三通五瓜水泥仿古「不見木」形制，屋頂紅瓦左右各三紋筒瓦，屋脊為燕尾翹脊型式，搭配彩繪泥塑脊飾及山牆脊墜，整體形制與上東坑「呂氏宗祠」相似，頗有較勁之味。

前廳鏡面門楣上書有「六姓宗祠」，大門楹聯上聯：「六姓同宗如兄如弟」，下聯：「一堂共祀若子若孫」；左右對看堵分別以磁磚彩繪「福緣慶善」、「福壽雙全」，正殿祖龕內供奉六姓先祖牌位，祖龕聯為：「世世子孫無相害也，明明吾祖實憑式之」；為感念陳氏祖母捐地興建六姓宗祠，而自已在蓋好宗祠後，棲身在宗祠旁的小木屋，因此將陳姓祖宗牌位擺在第一位，其他姓氏則併列於後。

六姓宗祠左龕供奉大宋三忠王及池府王爺，右龕供奉福德正神，每年舉行四次祭祖儀式，分別為春分日、秋分日、冬至日，及除夕日，其中又以冬至日最為隆重，不少旅居各地的族人當日會返回祭祖，祭祀完後於宗祠內聚餐以維繫情感。

三、清雲祖師廟信仰

十六世紀明末，荷蘭人侵擾烈嶼，原西甲觀音山佛祖廟受戰火波及而焚毀，經長老協議，將原本廟中神明分配移祀至西甲各村落，而東坑則請回「清雲祖師」奉祀。

清雲祖師之源由已不可考，民國八十三年（一九九四年）重建奠安碑文上記述乃自安溪彭巖分靈，傳說清雲祖師法力無邊，尤其擅長醫術，

清雲祖師廟

東坑土地公廟

透過乩身煎草藥為人治病，民間流傳「清雲祖師廟、烘爐吊急燒」的諺語，意即清雲祖師乩童煎藥時，把煎壺提起時，底下燒著炭火的烘爐也會跟著黏上來；由於清雲祖師威靈顯赫、神威遠播，其中有來自廈門的富商慕名而來，延請清雲祖師金身前往為其治病；富商病癒後，有感於清雲祖師靈驗無比，乃私下仿造金身送回東坑，自已卻偷偷留下清雲祖師金身供奉。

東坑清雲祖師廟位於東坑村落東郊，於一九四九年毀於戰火，一九六五年於原址重建，後廟因年久失修在耆老及南洋華僑資助下於一九九二年夏重建；完工後的清雲祖師廟，為單進式前有拜亭，正殿為「不見木」水泥仿古構件，屋脊為燕尾、八字規型制，屋瓦為筒瓦，中脊為交趾燒「雙龍拱塔」，八字規山牆脊墜為泥塑彩繪「咬劍獅」，三川殿門楣匾額上書「清雲祖師」，廟的東側建有碑亭一座，上記載一九九四年清雲祖師廟重建歷程，前方建有戲台。

正殿神龕書有「清雲廣布東坑境，祖師靈顯萬民安」，供奉境主金面清雲祖師，並奉祀呂太公、大宋三忠王、池王爺、蘇王爺、太子爺，東側龍邊供奉註生娘娘，西側虎邊奉祀檔境爺，下龕供奉虎爺；每年正月十五，眾神明以神輦出巡，配合西甲上帝公宮請火、刈香遶境巡安；四月十一蘇王爺聖誕，村民備牲禮、金帛至廟裡燒香為蘇王爺祝壽，祈求合家平安，當日廟方準備紙製「王船」，村民以米裝入小布袋中及小段樹枝，為代天巡狩「添柴米」，恭送「王爺公」保佑合境平安，四時無災；九月初七，清雲祖師聖誕，村民聘請道士作敬建醮為神明祝壽，祈求合境平安。

四、「朱嬸婆」信仰

在東坑村落後方紅山腳下的「土地公廟」，為上東坑呂氏村民所奉祀，供奉「福德正神」，左側供奉書有「朱嬸婆神位」，村民相傳朱嬸婆生前急公好義、熱心助人，但並未成家，死後呂氏村民感念其義行，乃於土地公祠設立牌位奉祀。

據學者呂允在考證，在舊時社會由於醫療不發達，兒童若感染上天花、麻疹等疾病，往往造成極大之危險，甚至可能因而喪命，因此民間信仰相信，藉由祭祀「痘公、疹婆」等掌管天花及麻疹之神明，可以庇佑家中幼童平安，而「朱嬸婆」則是「疹婆」擬人化之諧音。

東坑土地公祠及朱嬸婆的信仰，並無特定節日祭祀，且近代醫學進步，嬰兒出生後皆接受完整的預防接種，而大幅降低天花及麻疹發病機率，但東坑村民娶媳婦等重大喜事，仍會前來祭拜，祈求神明庇佑。

廟旁有一泥塑白雞，二〇〇〇年七月十五日於廟左後方十公尺處，再塑立興建北風爺，藉以鎮風制煞，保佑村民平安。

第三節　從漁村到戰鬥村：雙口

一、「林氏」血緣村落

雙口位於烈嶼西北角，東面與北面分別與東坑和湖井頭接壤，南面相鄰中墩和上林，西面臨大海，舊時是烈嶼往來廈門的重要門戶，又稱「西倉口」。

西元十三世紀末，大約是宋末元初，廈門林祖勤攜同兒子林君錫，渡海來到烈嶼下林定居，以耕種和捕魚為生；林君錫育有五子，次子林隆勛與三子林隆謨以耕田為主，居位在下林，四子林隆道則往烈嶼的中心，舊稱西蒼移居落戶，林隆道又生二子林茂忠和林茂賢，烈嶼的西面下林至雙口一帶海域，從烏礁灣港到北邊的宰牛礁，為著名的漁場，岸邊泥灘地更有豐富的海洋資源，林隆道攜長子茂忠前往雙口捕魚，為了作業方便，起初在雙口附近搭設工寮以便休息，後來長子茂忠便長住在雙口，次子林茂賢留在西方，

雙口位置圖

雙口林氏家廟

歷經數代繁衍，二人分別為雙口祖及西方祖，如一九六七年雙口林氏家廟《重建宗祠序》記載：「祖德長，源流遠，支分泉郡，轉衍下林。隆道祖，遷西方，長男茂忠祖移殖西村口，即本莊發源之祖也」。

烈嶼四面環海，出入受限以船舶交通為主，又臨近於大陸廈門地區，相距僅數千公尺，兩地居民來往熱絡，雙口隔海和廈門相對，是烈嶼往來廈門間重要的渡口；雙口村北面鄰湖井頭村落的出海口，稱為「上渡口」，專門往來烈嶼與同安五通港；南端接近中墩村另一個「下渡口」，是通往思明廈門港，雙口也因為同時擁有兩個渡船口而得名。

二、林氏家廟

相傳雙口林氏開基時，有一位地理師經過，說此地風水是個很好的穴位，必須興建祖厝才會興旺，而此穴稱為「七星墜地」。

從苦山後到湖井頭稱為「七星」，雙口祖厝的方位為正南北、正橫龍的座落，有著良好的風水，然而祖厝蓋好之後，地勢甚旺盛，但因為祖厝的西方地勢較弱，無法配合，於是村民就在祖厝西側建廟，說可以補足此地的靈氣，而此廟有「一廟抵三山」的說法，以抵擋西向海面來的衝擊，而此廟的名稱為「拱福宮」（呂合成主編，二〇〇七）。

雙口林氏家廟，創建於一八七九清光緒五年，一九五九年八月因颱風侵襲而損毀，一九六七年重建，歷經四年而完工；一九八五年再次進行重建。

完工後的林氏家廟，為單進式三開間，前庭以紅牆圍籬成天井型式，屋樑棟架為「不見木」水泥仿木結構，燕尾屋脊，屋瓦為板瓦，左右各三紋筒瓦，座北向南，門埕豎有旗杆兩座；大廳牆面立有石碑兩面，分別記載一九六七及一九八五林氏家廟重修源由。

正殿祖龕供奉開閩祖祿公、勤公、偉公及歷代林氏先祖神主；以「西河衍派」為堂號，「九牧傳芳」為燈號。

左龕祀福德正神、魁星爺、文昌公，祠內另供奉林氏祖佛林希元神像，共有大小二尊，較大一尊永鎮家廟，較小一尊供村民結婚時，迎請家中供奉。

雙口拱福宮

三、拱福宮信仰

西元十六世紀，明朝末年，荷蘭人掠奪烈嶼，砲火焚燬西甲觀音廟，原廟中所祀神明由西甲內各村落信徒請回村中立廟奉祀，雙口分配到「土地公」，而將村廟命名為「拱福宮」。

拱福宮肇建於一八七九年清光緒己卯年，一九四九年因遭戰亂被損毀，一九六七年由旅汶萊僑領林德甫發起重修，後因建物遭蟲蟻侵蝕，每逢下雨便漏水，一九九五年在鄉親倡議下拆除重建。

完工後的拱福宮，位於雙口十四之一號，雙口林氏宗祠旁，為單進式隔局，正殿棟架為「不見木」水泥仿木形制，屋頂紅瓦，屋脊為燕尾翹脊型式，搭配彩繪泥塑脊飾及山牆脊墜，廟前左側建有碑坊，上載拱福宮一九八七興建歷程。

三川殿正上方匾額書：「拱福宮」，正

殿神龕供奉福德正神、朱府王爺、蘇王爺、池王爺及註生娘娘、擋境爺。

民間信仰認為土地公只有管理地方上事務的權力，實際未掌有兵權，雙口村民奉祀「朱王爺」統領神兵，庇佑村民，故雙口拱福宮以朱王爺為主祀神，村民敬為「境主」，廟中碑文記載：「本宮何謂「小金門大土地公」，係乃浯烈西村甲分奉正駕在宮奉祀，因土地公無管軍將，乃請朱府諸王爺來管軍將，並請神佛來本宮敬奉，護祐合境平安，財源廣進，萬事如意」。雙口拱福宮為了與烈嶼青岐所供奉的「朱王爺」有所區隔，提前兩天於農曆六月初六作敬建醮為神明祝壽，以求闔境平安。

四、壕溝與土牆包圍的村落：雙口戰鬥村。

一九四九年秋天中秋剛過，國軍第五軍登陸烈嶼，其中的第兩百師六百團駐紮雙口，對於民風保守的雙口居民而言，村裡突增的大批軍人是相當可怕的，且擔心軍隊會傷害老百姓，因此由長老帶著村民去村口迎接國軍，並在村中廣場擺桌，由於當時普遍貧窮，只能燒開水請他們喝，當時的部隊以步兵為主，經過長途跋涉，個個都疲累不堪，在村民撿柴火、乾草、高粱穀的協助下，炊煮他們自已身上帶著的米，先吃飽墊肚皮，並調查村裡的房屋，強制村民全部擠在一個房間，空出房間和大廳供軍人住，呈現軍人與百姓混居的局面。

雙口與廈門間僅數千公尺，平常肉眼即可看到廈門，村前這一大段海灘，地勢低窪，在部隊長官眼中，簡直是易攻難守，是共軍登陸搶灘的最佳處所；因此部隊初至雙口，就立即在村莊外圍挖戰壕，威脅村民說：「共匪快打過來了」，強迫村民協助撿石頭，拆除民宅的門板，海邊的蚵石，在巷口做防禦工事，建築碉堡。

西方戰鬥村簡報

一、狀況：本戰鬥村位於西部，扼東南北交通之要衝，與靈山、連山形成據點，為后宅旅之屏障。

二、使命：固守村莊，維護村民生命財產之安全，並配合村落指揮部行縱深陣地戰鬥。

三、編組：本戰鬥村共11鄰89户 合計男女423員，分別納入自衛編組。任務編組表如左：

區分	編組人數 男	編組人數 女	編組人數 小計	武器 名稱	武器 數量	工事 名稱	工事 數量	備考
機動隊	24		24	5.56步槍	2	機槍堡		
守備隊		10	28	M14步槍	28	兩用堡	1	
勤務隊		42	42	57甲式步槍	8	防空砲洞	38	
幼獅隊	30	20	50	30自動步槍	4	坑道		
疏散隊	151	128	279	A6輕機槍	1			
合計	223	200	423	合計	53	合計	39	

西方戰鬥村簡報

一九四九年底古寧頭戰役結束後，國軍逐漸增強雙口的防禦工事，加深、加寬村莊外圍的壕溝，並將挖出來的土做成土牆架槍，僅留有一個出口，即今日馬路口，出口處架設木板橋，約一尺寬，只容一人通過，靠村子的一端有士兵站哨，監視村民出入，除了木板橋和土牆內部還利用民宅築第二道防禦。

一九六八年「八二三砲戰」十週年，美國總統甘迺迪和黑人民權運動領袖馬丁路德金恩相繼遇刺，美軍深陷越南戰爭的泥淖，蘇聯的坦克開進布拉格，世界各地學生走出校園遊行街頭等等，國際冷戰衝突事件接連發生，金門島上更盛傳共產黨要血洗金門，一連串的國內外事件造成金門島上人心惶惶，軍方防備極度緊繃。

蔣總統指示金馬兩地，以各村既有碉堡為基礎，增建地下坑道，連接貫通，成立戰鬥村，期望做到生活軍事化，行動戰鬥化，組成一個堅強而有體系之戰鬥體。

時任金防部政戰部主任兼政委會秘書長蕭政之，依此訓示，提出全民聯合作戰思想，擷取了越共防護戰的優點，決定將兵力保持在村莊的地下，加強民防戰力，使人人是戰鬥員，村村是戰鬥堡、人人戰鬥，全面制敵，以發揮統合戰力，支援軍事作戰，構成全面制敵的戰鬥面，以各村既有碉堡為基礎，增建地下坑道，連接貫通，以「保存戰力於地下，發揚火力於地上」，他提出戰鬥村的構想，並聘請專家編寫「金門地區戰鬥村工作準則」。

戰鬥村作戰是一個整體性的概念，每一個戰鬥村都要依據本身的兵力、火力及地形地物的軍事價值來擬定作戰計劃，作戰計劃主要是利用各種工事來固守村落，防禦戰鬥概分為村外、村內、核心陣地堅守三個階段：村內巷道堆置沙包，窗戶及樓房制高點開設射口，打通家戶牆壁通道，開闢門窗牆角射口，射殺敵人於村內巷戰之時，設置阻絕工事、防毒設施與各種陷阱，陷敵於陣地之內；村外設置碉堡、機槍堡於交通要衝，另設置兩用堡作戰鬥與掩蔽雙重功用，殲敵於陣地之外；於各作戰工事間，挖掘坑道作為聯繫溝通之用，並可利用坑道進行疏散或避難，建立強固的村落陣地，做到與村落共存亡之決心，實施毀屋抒難焦土政策，使敵佔我之地成為廢墟。

以戰鬥村為單元，將全部民力編成五種任務隊進

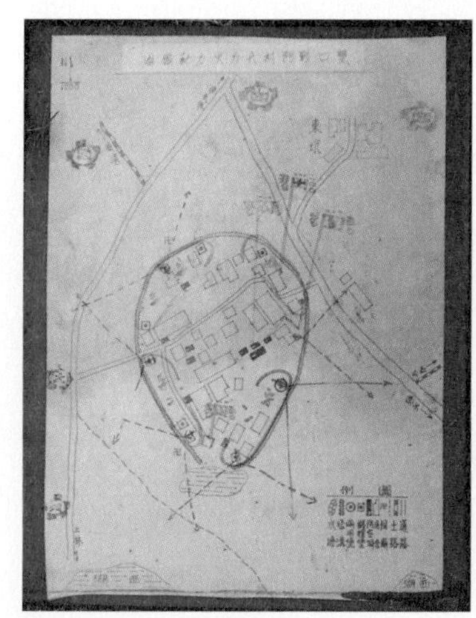
雙口戰鬥村火力配置圖

雙口戰鬥村陣地編組模型

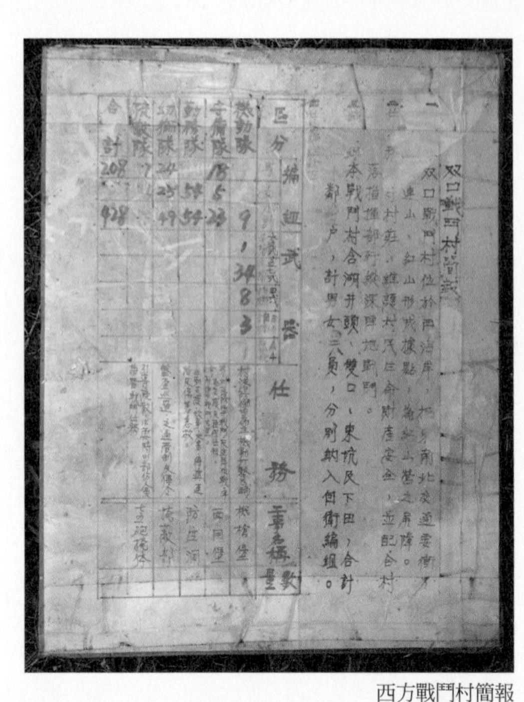
双口戰鬥村簡報

本戰鬥村含湖井頭、雙口、東坑及下田，合計[illegible]戶，計男女[illegible]員，分別納入自衛編組。

西方戰鬥村簡報

行村落自衛作戰，為使作戰達到目標，凡戰鬥村的民眾有持槍作戰能力者，一律發給武器，並對戰鬥村民眾進行基本射擊訓練；此外依實際作戰需要，另編列各項附屬作戰計畫及工作指引等，每一戰鬥村必設一警員或軍事幹部，負責平時民防組訓及調查訪問等工作，戰時率領全村民眾與敵人作戰；每年進行演習與訓練，演練各項作戰計畫，使發生戰事時，能發揮最強戰力。

具體作法是將全縣一百五十五個自然村，依戰術需要併編為七十三個戰鬥村，另將分布於各地區的機關、學校、社團、廠庫員工，依所在地納入編組，受地區自衛大（中）隊的指揮領導，烈嶼當時共編成包括上林、后井、上庫、青岐、東林、湖下、羅厝、后頭、埔頭、黃厝、后宅、西方、東坑及雙口，共十五個戰鬥村。

作為戰鬥村的雙口村，隸屬於西口村中隊轄下的一個分隊，由於位置險地，更是高度的「軍事化」，在既有的軍事防禦工事基礎上，再行擴建或增建，根據學者戚常卉的調查，當時雙口村在軍事化過程中，村內的防禦工事計有：一條環繞村落的壕溝，村落外圍構建高達兩公尺的土牆，十五座機槍堡，與兩座七五砲台碉堡沿著壕溝配置，目標對準海邊，防止敵人登陸，掩蔽體兩座，民用防空洞十一座，一條軍事坑道，村口及海濱處，搭建了兩座碉堡；整體而言，雙口戰鬥村內的防禦工事是密集而嚴密的，是唯一一個在烈嶼地區被壕溝與土牆圍繞起來的村落，如金門國家公園網站對於雙口村的描述：烈嶼雙口村位於烈嶼西北角（金門國家公園計劃範圍外），係村莊民防隊戰鬥防禦工事之典型，自民國三十八年起，即於村莊四周挖掘長六二〇公尺、寬六公尺、深三公尺之環村戰壕，並構築碉堡、砲座、散兵坑等作戰工事，顯示軍民一體防衛作戰之實蹟。

由於土牆主要的成分是「泥土」堆砌而成的，土牆極易因人員走動、雨水的沖刷或是泥土掉落而逐漸崩塌，故此民防隊員要勤於修補土牆，不斷的把泥土推上去，以應付上級長官及軍方檢查；一九九〇年代戰地政務解除以後，不再有人管制土牆的工事，隨著泥土的流失，土牆逐漸消失不見。

五、匪諜村的污名：

雙口原為臨海的小村莊，一九四九年後兩岸對峙，雙口因距離大陸最近，被高度的軍事化，壕溝與土牆將村落圍繞起來，形成一封閉的世界，在高張力軍事對峙下，增添雙口神秘的色彩，在一九五〇年代，烈嶼駐軍流傳著「雙口是匪諜村」的故事，彼此互相警告，不能接近雙口村。

關於雙口匪諜村的謠言，有眾多的版本，學者白宜君特別整理出下列幾個故事：

故事一：雙口村內有地道通往海邊，可以躲過岸邊據點的監視，所以對岸的水鬼，會利用這條管道進入烈嶼內地，展開他們的間諜工作，造成烈嶼的破壞。

故事二：相傳某部隊在雙口村附近構工，一個小兵開小差躲到村子裡，直到部隊收工時，仍未見那兵回來；班長只好帶兵進村尋找，當時天黑不見五指，班長連同一起帶進的兵進村後就不見了，部隊只好請報師部，派出武裝憲兵，封鎖整個村莊，逐戶搜查，只見家家戶戶都在殺雞宰鴨，雞、鴨鮮血佈滿了整個村莊，但就是不見班長及阿兵哥的蹤跡，因此匪諜村之名不脛而走。

故事三：曾經有個匪諜逃進村莊內，然後窩藏在某人家的床鋪底下，後來遭人檢舉被抓，從此雙口就以匪諜村著名。

故事四：有軍人進去雙口村但是就失蹤了，大家傳言，那個軍人是匪諜，回到大陸去了。

上述故事版本，皆僅限在軍人間流傳，烈嶼地區居民反而不知匪諜村的故事，偶爾聽外地人問起，也是一笑置之，回句「那都是亂說的啦」。

以當時駐軍情勢而言，軍人根本不可能失蹤，比較可信的說法是，因為雙口村地勢太平坦了，距離大陸又太近了，所以形成一個「不得不守，又不能夠派兵駐守的村落。」一方面害怕大陸的「匪諜」會趁夜偷摸上來，一方面也擔心軍隊成為目標物，只要一有風吹草動，廈門那邊馬上就知道雙口在幹什麼，也許在這樣的情勢之下，編出了一個關於匪諜村的謠言，把壕溝及土圍牆築起，營造不同於一般村莊的肅殺氣氛，進出不用特別嚴格守衛，也不會有人敢隨便進入雙口(白宜君，二〇〇九)。

第四節 國姓爺的神蹟：下田

下田位置圖

一、蔡氏的入主與開發

位於紅山、連山、靈山諸山麓下平原地帶，東與西吳為鄰，西與東坑為界，因村落所在地勢較低，為一低窪農田，故稱為「下田」（蔡鳳雛，二〇一一）。

西元十三世紀，大約在明代，金門本島瓊林蔡氏家族傳至十五世蔡繼華，十六世蔡君德，分支渡海遷至烈嶼下田居住，為「大厝房派」蔡邦明公之派下，《下田蔡氏家廟重建序》（一九九六年）載：

「……吾祖居瓊林，是謂瓊林蔡也。自此族裔日眾，支分房系，本系出自大厝房派，乃十一世祖邦明公之嗣裔，分支遷來下田定居。抵步之初，披荊斬棘，闢荒拓土，奠定基業……」。

下田蔡氏歷經數代繁衍，形成以「蔡姓」為主的單一血緣聚落，蔡氏後裔保留開基祖邦明公的故居，稱為「大廳」，

下田蔡氏家廟

1970年代下田蔡氏「大廳」

供奉蔡姓先祖牌位，後因年久失修，恐有塌陷之虞，蔡氏族人決議重建，並集資新台幣參佰陸拾陸萬伍仟元，於一九九五年動工重建，翌年一九九六年完工，為一落二櫸頭型式，屬於民宅式祖厝，內立有碑文紀述蔡姓遷徙及家廟重建經過。

下田聚落的發展，相當獨特，有別於一般聚落「背山向海」的隔局，下田居於紅山、連山、靈山諸山麓之間低窪處，陷入「要進不進、要退不退」尷尬風水格局，相傳舊時居民常犯「臭腳皮」、「大肚子規」、「皮膚臘黃無血脈」等疾病，直到有位風水師指點村民挖掘壕溝，疏通紅山、連山、靈山流下之積水，上述惡疾才得已改善。

二、國姓爺的神蹟：國姓井

西元十七世紀，鄭成功率部下自湖井頭一帶登陸烈嶼，沿著舊時「鹹水路」途經下田村時，因兵疲馬憊，且士兵無水可飲用下，鄭成功乃揮劍指地，命士兵循處掘井，士兵掘地數尺得到源源不絕可供飲用的泉水，因鄭成功曾為明代皇帝賜姓「朱」，因此民間將此井稱之為「國姓井」。

下田國姓井

下田真武廟

國姓井井水清澈，水質甘甜，是村民重要的水源。一九六八年由當時烈嶼的駐軍「誠實部隊」重新修建，外以石塊砌成八卦型式井垣，井寬約直徑八十公分，井旁立有碑文，內文如下：

我民族英雄鄭成功將軍，於順治年間，準備向大陸進軍，鑿井為炊，水源不絕，井水清澈，芳香美味，定名為「國姓井」，有復國興邦之意。

三、民間信仰

下田真武廟位於下田四號，主祀玄天上帝，因西甲觀音廟遭荷番砲火焚燬，下田分配上帝公奉祀，但受限於下田人丁較少，無力籌款建廟供奉，玄天上帝由民家供奉；一九八四年蔡清文發起建廟，聯合下田鄉賢籌組興建委員會，邀請父老集議，由下田村民蔡天配、蔡水弟、蔡清山、蔡武石等同聲響應，亦各捐土地一片，村民及旅居南洋鄉親進行捐款，同年擇吉破土興工，一九八六年竣工。

完工的真武廟，為單進式前有拜亭隔局，正殿棟架為「不見木」水泥仿木形制，屋頂紅瓦，屋脊為燕尾翹脊型式，搭配彩繪泥塑脊飾及山牆脊墜；三川殿正上方匾額書「真武廟」；正殿神龕主奉玄天上帝，左右配祀註生娘娘及福德正神，下龕奉祀虎爺，每年農曆三月初三日為玄天上帝聖誕。

第五節 御賜里名傳承烈嶼：西吳

西吳位於紅山山腳下，東以小徑與西方為鄰，西則以「下田溝」和下田為界；西元十三世紀宋末，吳安遠自大陸遷移至烈嶼上庫，世代繁衍，人丁昌盛，相傳在清代，有一房吳氏因其妻過逝，遂帶著女兒來到現今西吳現址，因位於原鄉上庫之西故以「西吳」為名，吳氏後來入贅埔頭。

大約在西元十七紀末、十八世紀初清康熙年間，瓊林蔡氏大厝房派十五世祖蔡繼華，其長子蔡君德字茂相，其分支移居至烈嶼下田定居，傳至十九世二房蔡逢揚，再移遷至鄰近西吳，興建「一落四櫸頭」之大宅，中間大廳供奉蔡氏祖先牌位，西吳蔡氏人丁繁衍，後陸續護厝三座以供族人居位，《西吳蔡氏家廟重建序》碑文(一九九四年)載：

「……本系出自大厝房派，乃十五世祖繼華公長子君德字茂相公之嗣裔，分支遷來烈嶼，定居下田

西吳空照圖

鄉，抵步之初，披荊斬棘，闢荒拓土，奠定基業。

清康熙年間，十九世祖逢揚公播遷來西吳，開族蕃衍，未幾，創建一座四房四　頭宅第，中間大廳供奉歷代祖先牌位，春祀秋嘗及祖先忌辰日，族裔群集祭祀，嗣後續建護厝三座為居住之所，自此人丁蕃衍……」。現西吳蔡氏約有二十餘「口灶」，人丁二百餘口。西吳尚有幾戶方姓人家，分屬不同派下，有一支派是由烈嶼后頭遷移而來，另一支則由大陸遷來，入居下田時間略晚於蔡氏。

西吳蔡氏家廟

蔡氏祖廳興建至今已歷經二百餘載，年代久遠，樑木柱椽，朽蝕不堪，恐有倒塌之虞；一九九二年秋，旅居南洋僑親蔡天華君返回西吳，目睹斯景，乃發起籌建「祖厝」之議，獲得西吳蔡氏族人熱烈響應，共襄盛舉，遂擇吉於一九九四年歲次甲戌年二月十八日動土興工，將舊有祖廳拆除，依原址興建為家廟格局，歷經年餘於一九九六年歲次丙子年九月十三日竣成慶成奠安。

完工後的蔡氏家廟，位於村後側西吳八號，背倚連山，面向西湖，屬於單進式三蓋廊格局，屋頂正殿為九架樑三通五瓜「不見木」水泥仿古結構，屋脊為燕尾翹脊型式，屋頂紅板瓦左右各三紋筒，搭配彩繪泥塑脊飾及山牆脊墜；三川殿門楣上書「蔡氏家廟」，正殿祖龕供奉瓊林大厝房派十五世祖繼華公、十九世祖逢楊公及歷代祖先神主；左祀文昌帝君，右祀福德正神；以「濟陽衍派」為堂號，「文武世家」為燈號。

烈嶼西方、下田、后宅、南塘及西吳之蔡氏，係出於金門本島瓊林蔡分支而來，每年中秋節過後第一個週日，上述蔡姓後裔各推派代表一名，參加瓊林蔡氏祭祖吃頭，唯西吳蔡氏因為烈嶼地區蔡氏領袖，故獲多一名參加員額。

瓊林原名平林，位於金門本島的中部，以「蔡姓」為主的血緣聚落，瓊林在明、清兩代人才輩出，共出了進士六人、舉人七人、貢生十五人，武將六人，文臣武將人才輩出，並以忠孝廉節事蹟多著稱，一六二五年明代熹宗天啟五年，福建巡撫鄒維璉以平林人蔡獻臣學問純正，奏請朝廷御賜里名「瓊林」。

瓊林又有「名宦鄉賢」之譽，詩禮傳家，猶重倫理，春祭秋嘗遵循古禮，行禮如儀；西吳傳承瓊林蔡氏家風，因此烈嶼地區流傳「西吳厚禮數」。

西吳居民主要以「養蚵」為主，其蚵田的範圍位於較深之海灘，所產之石蚵較長時間於海水中，故較為「肥碩」，但採收需以船載送，故早期西吳各家戶幾乎皆有小型舢舨，除採收石蚵外，還兼作貨運，將石蚵、蚵乾載運至廈門一帶販賣，回程時則採買食米等日常用品。

西吳西側苦山下山溝，稱為「西吳溝」，在一九七〇年代，當時派駐在被稱為「西井村」的「副村長」孫昔師，精通勘輿術，他認為西吳溝太深，不利於西吳人丁發展，故修建為「水庫」，作為西吳灌溉水源。

冷戰時期，海灘高度管制，採收石蚵除配合潮汐外，尚需配合軍方管制，故石蚵產量較為減少；苦山上駐紮大量軍隊，因此西吳各家戶幾乎兼作小生意，以販售食品、日用品等什貨及提供撞球娛樂為主。

西吳村口「田帥廟」，創建年代已不可考；一九八五年間，西吳旅汶鄉僑蔡水旺君返梓省親，有鑒於烈嶼各村落廟宇，煥然新貌壯觀，於是倡議翻建田帥廟，獲得鄉親一致贊同；回到汶萊後，再與蔡天華、蔡水晚等西吳旅居汶萊鄉僑共商翻建事宜，並獲得旅汶鄉僑支持；翌年，蔡天華君返鄉，邀請鄉中父老人士集議，同時成立重建委員會，籌募興建經費；一九八八年動工興建，一九九四年奠安慶成。

完工後之田帥廟為單進式前有拜亭隔局，正殿棟架為「不見木」水泥仿木形制，屋頂紅瓦，屋脊為燕尾翹脊型式，搭配彩繪泥塑脊飾及山牆脊墜；三川殿正上方匾額書「田帥廟」，正殿神龕主奉田府元帥，為原西甲觀音廟頹圮後分配而來，除此作為西甲之一，西吳田帥廟另供奉西甲共同境主玄天上帝，另配祀「康府王公」，為原後山村落「後山宮」奉祀神明，因廟宇傾圮而移奉而來；左右兩側分別配祀註生娘娘及福德正神，下龕奉祀虎爺，每年農曆六月初一日為田府元帥聖誕，村中作敬建醮為神明祝壽，祈求合境平安。

西吳田帥廟

第六節 以佛祖為名的村落：西方

一、多姓混居的村落

西方位於烈嶼的中心偏西位置，大約在島的中心鹹水路平原的中心，舊名西倉、西村。

西方的開發甚早，西元一一六三年宋孝宗隆興甲申年，福建同安縣尉洪楷，有感於時局紛亂，金兵大舉南侵攻宋，中國大陸戰禍綿延不息，為求安身，攜家帶眷來到同安縣轄下二十都烈嶼，沿鹹水路前行落腳島的中心位置西方，洪楷精通易理，認為西方兩端有大溝形成夾窄形勢，地貌屬丘陵地形，土地貧瘠只可容多姓族裔發展，而不適合單姓傳衍，於是遷移至東林開墾，後再遷居島的南端青岐，歷經繁衍成為島的最大氏族，現今西方佛祖宮前戲臺，傳說就是當年洪楷的故居，一九四九年遭

西方位置圖

砲擊損毀，一九八七年西方佛祖宮向洪氏宗親租用興建成戲臺，並每年支付象徵性租金新臺幣陸百元（洪志成主編，二〇一四）。

宋末元初泉州林祖勤經馬屏，再轉馬巷，最後渡海來到烈嶼下林定居，生子林君錫以耕種和捕魚為生；林君錫再生五子，次子林隆勛與三子林隆謨以耕田為主，四子林隆道則遷來西方以補魚為生，林隆道又生了兩個兒子，長子茂忠住在雙口，次子林茂賢留在西方，歷經數代繁衍，二人分別為雙口祖及西方祖。

西元十六世紀，明中葉蒲田方澤遷來烈嶼后頭定居，方澤傳至第三代方萬發，大約在清初時遷徙分居至西方；同時期金門本島古坵陳氏也來到西方定居；十九世紀末清朝末年蔡掽自彰浦遷入，葉氏自蓮花嶺遷來，湖井頭三房洪氏族人，東坑孫氏、胡氏、董氏，西吳、下田蔡氏，黃、余、王、沈、張、任等姓居民紛紛入住（蔡鳳雛，二〇一一），同安鄭氏於一九四〇年代遷來，西方歷經數百年各姓氏繁

西方各甲位置圖

衍，印證了洪楷的預言，呈多姓混居的村落，相傳舊時西方共有十六姓氏，依《烈嶼鄉志》統計，現西方共有林、方、胡、孫、陳、葉、洪、張、蔡、鄭及張等十一姓。

西方為多姓混居的村落，各姓氏依其開墾入居的時間而分展各自的領域，即劃分不同的甲頭，如「大廳甲」以林姓為主，「前厝甲」林姓和蔡姓，「路頭甲」蔡姓、方姓及洪姓，「東井甲」林姓及陳姓，「上岩甲」方姓、孫姓及蔡姓，「下厝甲」林姓。

二、「西方」：以佛祖淨土為名的聚落

位於西方東郊的「雞庵山」又名「靈山」上建有一座「佛祖廟」，供奉觀音佛祖，相傳佛祖法力無邊，舊時以航運、漁業為主的烈嶼先民，在夜間或大霧，是以佛祖廟的「宮火」來引導，「菩薩蓮花指路」的神蹟傳遍島上，廟中香火非常鼎盛，雞庵山也因奉祀觀音佛祖而得名；西元十六世紀明朝末年，荷番作亂，民間傳說「佛祖指路」引導官兵及鄉民抵禦荷番進攻路線而於予反擊，後荷番靠著船堅砲利，砲擊烈嶼，佛祖廟因而遭受焚毀，廟中神明則由長老協議西甲各村落分配迎回奉祀。

清代甲頭內長老倡議重建「佛祖宮」，佛祖託夢指示，現「西方」村廟址為「蓮花穴」，有如佛祖座下「蓮花座」，故由林氏獻地興建，原名為「西倉」也因奉祀「西方佛祖」，而將村名更改為「西方」。

民間小說《西遊記》中，佛祖又稱「如來佛祖」，「如來佛」，住在西方極樂世界大雷音寺；此外民間習俗中，人死後說成「往生」，在喪禮中，由道士引領亡者家屬遶行靈堂，稱為「返西方」送亡者前往西方極樂世界；因此為了避開死亡的禁忌，在烈嶼地區，「西

方」以閩南語發音為「姓氏的方」，而不是「方位的方」，以和禁忌有所區隔；西方因供奉「佛祖廟」而得名，西方佛祖廟也稱為「西方宮」。

三、「西方社」與「上庫社」不結親

相傳西方宮興建之初，當時烈嶼的居民不多，從佛祖的神龕可遠眺望至現今上庫一帶；上庫位於烈嶼西南端，村郊海濱，潮差極大，西元一二九七年元成宗大德元年開建為鹽場，稱烈嶼南埕；由於產鹽，故設立南、北兩座倉庫儲存，北倉設在今日西方村郊，南倉則設在今日上庫南端；宋末元兵南下，當時吳安遠避難而來到烈嶼現今上庫開墾，族裔蕃衍成村，因村落居於儲鹽南庫之北端，故稱「上庫」（蔡鳳雛，二〇一二）。

相傳在清朝年間上庫有位富翁名叫吳梅，行船至大陸北方，看到有人晒鹽，鹽埔的地理形勢與上庫情境很像，於是他便在上庫建鹽埕，名叫「寒梅鹽場」；寒梅鹽場的產量極為豐富，村民利用漲潮時將海水引進築堤圈住，利用陽光將海水蒸發而留

西方北極玄天上帝廟

下海鹽，傍晚時村民將結晶之海鹽收集成堆，等待明日陽光昇起再行曝曬；但說也奇怪，第二天村民欲曬鹽時，發現鹽場被破壞，鹽巴散落各地，一連數日皆是如此，上庫村民追查之下，發現盤於西方宮廟柱上的「龍」，利用半夜飛至鹽埕嬉戲，上庫村民不堪損失，而找上了西方村民理論，雙方一言不合大打出手而結下仇恨，並約束各自族人及村民，後代永不結成親家，雖然這個不結親的傳說幾近「無稽」，且因鹽無銷路欠佳，上庫鹽埕早已停產，但說也奇怪，至今西方與上庫兩村仍不結親家。

第三章

產業與生活

第一節 大海的子民

一、以大海為主的生活模式

烈嶼孤懸海外，四面環海，出入皆靠航海，因此大海與島民的生活息息相關，數百年來先民悠遊在這片海域，基於地域之便，位於烈嶼西南的湖井頭、雙口自然成為烈嶼通往大陸的門戶，雙口更因擁有往來於烈嶼與同安五通港的「上渡口」，及通往思明廈門港「下渡口」而得名。在二十世紀初以前，西甲各村落擁有眾多數量的舢舨，這些舢舨大多為單桅帆船，一至二人即可操作，先民們從事近海漁撈、釣魷魚的工作，更大多數的舢舨是作為烈嶼往廈門的交通工具，將烈嶼養殖的石蚵，或加工後的「蚵乾」，地瓜籤、花生等農作，運往商業機能強的廈門販售，回程時購買大米、建材等民生物質；甚至有些較具規模雙桅、三桅帆船，船體較大，可遠至浙江、江蘇等地。

二、日軍佔領的鎖島限制

一九三七年日本侵華，與大陸一水之隔的烈嶼，亦不能倖免於難，就在廈門淪陷後三天，日軍登陸烈嶼，相傳是由島的東南角羅厝上岸，登陸時日軍槍上膛，刀出鞘，但並未遭到島上居民的抵抗，日軍認為登陸未造成流血，以後會有霉運，因此日軍上岸後殺了一頭豬，代表見血刀才可收鞘；日軍派駐烈嶼的部隊，大概是一個小隊，相當於一個連的兵力，約有一百多人，初期部隊駐紮在青岐「蘭亭別墅」，後來又移防到楊厝後面的山頭，開始構築山洞、挖戰壕，小隊長名為「金望」，又名「征西金望」，鄉民的印象中，小隊長有兩匹非常高大的馬，他騎著馬配帶長刀，威風凜凜，居民望之生畏，當時日軍紀律很好，並不擾民；日軍另在西宅「文邦別墅」成立一分駐所，其功能有如現代警察，採取「以華制華」管理策略，分駐所的日本警察名為「特務隊」，成員初期來自臺灣華人，後期則就地挑選金門人充任。

特務隊除治理烈嶼百姓外，另專負責徵收鴉片，日本人依照居民土地的大小分配鴉片種子給居民種植，收成後除了留作種子的以外，其餘全數上繳，若有私藏或吸食者被發現，鐵定遭受處罰，上繳量多的人有獎勵，若收成少，上繳量未達到標準，就會被抓進去打個半死。隨著日軍在大陸戰事的開展，因駐守烈嶼的日軍因未遭受頑強抵抗，故日軍逐漸抽離，僅留少數軍人；大約在一九三〇年代，福建地區成立「愛國護鄉團」抗日組織，半夜摸哨殺了日本哨兵，日軍為此封島，發給十三至五十五歲的人「島民證」實施嚴格的「人口管制」，數百年來與大陸的船運交通也因日軍的限制而中斷，這對於山多田少以航運為主的西甲子民而言，無疑是雪上加霜，無以為繼(呂合成主編，二〇〇七)。

三、異地發展：新加坡的航運接駁行業

當時許多烈嶼人受不了日軍的統治，在南洋親友的協助下，乘機逃至南洋，主要地點以新加坡為主；當時移居新加坡的烈嶼人，據學者江柏煒的研究，主要分為三個時期：《金門

縣志》記載了第一次大規模南渡集中於同治年間：

「地不足於耕，其無業者，多散之外洋……。同治間災害頻仍，連年荒歉，餓殍載道，飢驅浪走，又大批相率逃荒，南渡覓食，是為災荒迫人之一次大規模移殖者」。

第二次南渡潮在一九一二年一九二九年間，當時南洋相對於國內商業發達、治安良好，加上交通便利，吸引了大批青壯人口外出謀生。

「民元至十八年時，南洋群島商業，有如日麗中天，而國內則初創之局，政治建設、地方治安，間多未臻完善。盜賊蠢起，劫掠時聞，島民既感不安，而南洋又較易謀生。當時出國既無須任何手續，南洋群島亦無入境之限制，交通便利，來往自由，祇需若干費用，購買船票，即可乘風破浪，放洋而去」（李怡來編纂，一九七一）。

第三次的移民潮則一九三七—一九四五年間的日本侵華，日軍佔領金門，遂行軍事掠奪，強徵民工、物資及土地，百姓苦不堪言，青壯年不願成為日軍的人伕，逃至南洋投靠親朋，這一波的移民，與先前不同，並非經濟因素，而是戰亂之故。

來自烈嶼的移民初到新加坡，主要從事「駁船」工作；十九世紀後期，新加坡自蘇伊士運河開通後即成為世界重要國際轉口貿易中心，但早期新加坡的碼頭卻僅有七百英畝的面積，碼頭僅有一號至四十四號碼頭，最多只能停靠二十餘艘，然而每日往來新加坡的船舶卻有四、五十艘之多，在碼頭不敷使用的情況下，許多船舶因此停泊於海港以起卸貨物，所謂駁船，就是以「舢舨」、「電船」、「摩哆舢舨」、「艟舡」、「拖船」等小船，穿梭其中，接駁往來新加坡與停泊在外海的船隻，因而使得新加坡的駁船業甚為興盛。

早期駁船業以人力為主，只要肯學、能吃苦就可入門，這對於生活在海濱的西甲先民來說，自然容易不過，因此先民初到新加坡時大都從事駁船業，包括操作舢舨、搬運貨品等勞力工作；但是駁船業是一種具有地盤領域的行業，所謂「舳艫相接，楫檣相摧」，在河海中難免發生碰撞，再加上招攬生意，容易發生口角糾紛，甚至引發械鬥武力衝突，因此同鄉、同村鄉親因而聯合起來，成立會館「估俚間」，以求同鄉大家互相照顧和彼此關懷，其中來自西甲雙口與東坑的鄉僑便聯合起來，成立「合安摩哆舢舨聯誼社」。

合安摩多舢舨聯誼社成立於十九紀紀末，舊時雙口、東坑村民落番來到新加坡，大都從事基本的勞力工作，有大約一百二十多名村民操作舢舨，為了在競爭激烈的新加坡駁船業爭取一席之地，村民們團結組織合安摩多舢舨聯誼社，位於面對大海並沿海岸線興建的直落亞逸，駁船於是能直接在街上的碼頭靠岸，起卸貨物；一九六八年新加坡政府將駁船業集中搬遷到紅燈碼頭，一九七一年完成註冊，定名為「合安摩多舢舨聯誼社」，設址於新加坡敬昭街四十號二樓；合安除從事駁船運送，並義務性地運送往來龜嶼島進香大伯公廟的香客；一九七九年八月，合安摩多舢舨聯誼社聯合「湖峯社」、「金長發」、「金合發」、「文山」、「東安渡頭聯誼社」及「官山社」等七個估俚間合組成「新加坡紅燈碼頭摩多電船公會」，直到二〇〇六年四月一日再搬遷到南濱海灣碼頭（Marina South Pier），由杜明川擔任社長。

合安摩多舢舨聯誼社供奉理學名宦林希元、關帝爺、大伯公、朱王爺、池府王爺、大宋三忠王、中壇元帥、虎爺、五營將軍，農曆九月二十九日作敬建醮為神明祝壽，以祈求「合境平安」（江柏煒，二〇一〇）。

獅嶼

四、砲火下的軍事勤務：烈嶼水上工作隊

一九四五年日本無條件投降，日軍撤出烈嶼，稱之為「和平時期」，烈嶼的海岸隨著日軍的撤出而再度的開放，島上居民又恢復與廈門之間的交通，兩岸往來非常熱絡。

一九四八年，福州綏靖公署湯恩伯司令部的警衛隊「警光」、「警強」等部隊駐守烈嶼；當時國共內戰正熾，但國軍戰事頻頻失利，節節敗退，一九四九年起陸續有國軍駐守烈嶼，中秋節前後，國軍第五軍軍長李運成率二〇〇師的師長厤心全自大陸撤退駐防烈嶼，載運部隊的大型運補船，受限於島嶼的碼頭規模，無法直接靠岸，只能暫泊於烈嶼外海，因此先期的先遣部隊，召集湖井頭的漁民，駕著小型風帆，自外海將部隊接駁上岸。

當時國軍完全轉進烈嶼及大膽、二膽、猛虎嶼、獅嶼、復興嶼等周邊附屬小島，為了離島的運補，國軍將島上船民及船隻組織起來，成立「水上工作隊」，納入管理，協助軍方運補及人員調動，依其運補的區域分為青岐工作隊、湖下與羅厝又稱「九宮工作隊」、湖井頭工作隊共三組；青岐負責大、二擔、猛虎嶼及復興嶼航線的運補，九宮負責金門本島與烈嶼之間的運補，同時

明星葛小寶前往獅嶼勞軍，左上方為工作隊隊員

明星葛小寶前往獅嶼勞軍

也是島上居民出入金門本島的主要運輸，獅嶼則由湖井頭負責。

運補的方式是由軍方簽定合約方式進行，並針對任務的不同而核予不同的支給標準，如青岐工作隊以二等兵的糧餉僱用十六名船伕，分為四組輪值，每日上午運補大、二擔、猛虎嶼及復興嶼，但實際上卻有三十多人在服勤務，所以每月是以十六個人的米糧、餉錢補給，比照軍隊配給，然後再做三十人份來分攤(呂合成主編，二〇〇七)；九宮工作隊負責與本島之間的運輸，航線較為安全，屬全日作業，故待遇較佳，軍方除以十五名上等兵的待遇聘請外，另以大、小金門往來渡輪船票及貨運收入補助，待遇與軍公教人員相近。

一九五四年「九三砲戰」過後，國軍加強烈嶼的防務，烈嶼西北方的「獅嶼」，位於烈嶼與廈門之間，與湖井頭相距約一千公尺，面積僅零點零七平方公里，在烈嶼諸離島中面積最小，卻扼守著兩島之間的水道，極具戰略價值，故國軍列為重點防禦對象，並加強島上防禦工事的建設。

獅嶼

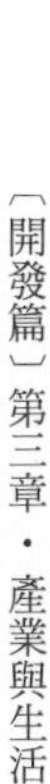

獅嶼原名為「鼠嶼」，因島嶼形勢遠觀如「鼠」，因而得名，一九六〇年代「八二三砲戰」戰役後，時任國防部總政治部主任、國防會議副秘書長、國防部長等職的蔣經國，屢次親赴金門周邊前線島嶼據點，為求振奮守軍士氣，將烈嶼附近諸離島另予命名，如「覆鼎嶼」改名「復興嶼」，「虎仔嶼」改名「猛虎嶼」。

由於湖井頭居民具備航海與熟悉烈嶼周遭海域的背景，自然成了國軍徵召協助運補的對象，因此強行徵召湖井頭的漁民及漁船組成湖井頭工作隊，負責獅嶼的運補。

水上工作隊隊員證(洪清潭先生提供)

當時兩岸情勢緊張，戰事一觸即發，海灘上佈滿地雷，岸上「十步一哨、百步一崗」，漁民飽受戰爭威脅，根本不敢出海下水捕漁，湖井頭水上工作隊的隊員，協助運補建設鼠嶼所需的建材，如水泥、石塊，甚至是民居的石材、先人墳墓的墓碑，和賴以為生的「蚵石」等，居民敢怒不敢言。

當時共組織了十三名船員，將其分組，每天輪值三名支援軍方運補，配合潮汐日以繼夜，不論刮風下雨，往來於湖井頭與鼠嶼之間，當時共軍看到船一出港就砲擊，因此開船期間還要閃避共軍的砲火，運水、運糧食、運彈藥，連草皮都運過去，後來也改為夜間運補以閃避砲火，但即便如此辛苦，由於是「非編制」人員，軍方只提供了兩名「戰死士兵」的配額即兩份糧餉，平均分配給十三人，大約每人每月可分得少許鹽和幾斤大米。

湖井頭工作隊除了運補獅嶼外，還要支援軍方施放海飄，軍方將裝有政治文宣廣告、民生用品等海漂物裝成一袋，由軍方指派一至兩個士兵隨船，指揮工作隊船隻航行到指定海面上施放。

一九八〇年代，兩岸情勢稍緩，工作隊也擔任遣返大陸人士工作，當時軍方將許多以「投奔自由」為藉口的偷渡客，交由非軍方正式編制的工作隊漁船載至兩岸中線位置，再以約新台幣一千至兩千元的費用，僱用大陸漁船轉載回去，初期因為有錢賺，大陸漁船都很願意載，但後來大陸海防加強管制，私載偷渡客的大陸漁船會被海防扣押審問，故此大陸漁船紛紛拒絕；因此水上工作隊只好硬著頭皮，將「受遣返」的偷渡客載送至對岸沙灘附近，對岸海防也有「共識」並未為難工作隊船隻，否則不被射殺才怪。

湖井頭工作隊初期在執行各項任務所使用的船隻，是徵收原湖井頭的漁船，以當時的氛圍而言，軍方的強制徵收動作漁民根本有意見，只能沈默的配合；隨著任務的執行，原有的運補船隻已破損不堪使用；一九七〇年代後期，軍方打造新舢舨及較大動力的船外馬達以供任務使用，且為了有效管制，軍方是採「分開保管」方式，即駐守湖井頭的「一連」保管馬達，「二連」保管舢舨，若有任務需執行時，由指揮部以「電話紀錄」的方式下指令至各據點，各據點接獲指令後則將各自負責的舢舨及馬達「抬」至指定海濱組裝，再通知水上工作隊輪值隊員負責操駕舢舨，為了安全同時也作監控，每次任務軍方指派一名「全副武裝」士兵，手執步槍隨船。

湖井頭工作隊的任務是極具危險的，甚至有多次任務是在共軍的砲火下完成的，每次出任務都像是與死神搏鬥，不知是生是死，只能祈求神明庇佑，只有安全回到家才能把心放下，慶幸撿回一命；也因為湖井頭工作隊的工作如此重要，軍方將隊員實施列管，一九五八年八二三砲戰停火期間，政府協助島上居民撤退至台灣，但工作隊員因任務需要而予以管制不准遷台。

即便是湖井頭工作隊的任務是如此的繁重與危險，但軍方所給的待遇是相當微薄的，初期甚至是「無糧無餉」完全沒有酬勞，後來納入了「水上工作隊」的組織，十三名船員分配二名上等兵的糧餉，實在是微不足道；一九九〇年代以後，軍方將離島運補發包給民間運輸統包，湖井頭工作隊解編，強制隊員「退伍」，每人領取新台幣壹拾萬元退伍金，對於在槍林彈雨下以生命完成任務的工作隊員來說，實在是微不足道(呂合成主編，二〇〇七)。

第二節 槍口下的生計：西甲蚵埕的發展變遷

蚵田

一、烈嶼石蚵養殖概述：

烈嶼西南岸自湖井頭至青岐一帶的泥灘海岸，含有豐富的有機物，是烈嶼地區海蚵養殖的主要區域；海蚵又名「牡蠣」、「海蠣子」、「蠣子」，為一廣鹽性的貝類，以食浮游生物為生，生長即為快速，通常只要一年就成熟可食用，其肉質鮮美，營養價值高，素有『海中牛乳』之稱，在西元三世紀中國漢朝就有「插竹養蠣」的記載。《神農本草經》說：「牡蠣有三，皆生于海」，是傳統的水產養殖品種，養殖區域以廣東、廣西、福建、浙江和台灣等地最發達。

烈嶼位於九龍江口，來自九龍江及沿

岸溪流之灌注，底質沙有機物豐富，硅藻類易於繁殖，乾潮時海灘又完全露出，可以充分吸收陽光，促進低等生物繁殖及有機物分解，提供海蚵豐富的食物來源，故海蚵生長極為快速又肥美，當滿潮時海水滿至岸上，潮差極大，所生產的海蚵肉質鮮美又富彈性。

烈嶼的海蚵養殖由來已久，相傳在西元十六世紀明朝萬曆年間，進士李獻可自大陸福建同安、惠安一帶引進了花崗石石條式的海蚵養殖，由於主要是以「花崗岩塊」作為海蚵的生長「基地」，故所生產的海蚵又稱為「石蚵」；舊時每塊養殖用石條是自大陸採購回來，它的規格大約為長三尺二寸，寬七台寸、厚二台寸的花崗石塊，一般稱為「蚵嘟石」或「蚵嘟」；漁民們將蚵嘟「立」於海岸泥灘上，形成「蚵埕」，蚵埕規模依個人的領域，有數百塊到上千塊蚵嘟形成不同規模的蚵埕，蚵埕各有主，疆界分明，如同田地一般(金門縣海洋資源教育中心網站)。

二、世襲的領域分配

烈嶼的石蚵養殖歷經數百年來演進，早已成為世代相傳的產業且具有領域性，每個村落都擁有自己的蚵田，外人不得進入採收，甚至買賣讓渡都必須簽定契約收據，《清金門志》：「瀕海之鄉，畫海為界，非其界者不可過而問焉；越澳以漁，爭競立起」。

《上林頂林林氏族譜》中登錄之海契四、海契五，紀錄一八二五年清道光五年承租上林西村口社口等處納糧海地一所：

緣上林鄉有承租納糧海地壹所，在西村口社口等處，因西口村鄉豎立石礌，上林鄉林鎮等以此海地係伊承租管業，現有歷納錢糧印串炳據兩相控爭，茲有公親黃志馥、林茹蓮等，念及兩社雖是同姓不（同）宗，均係一本，不忍坐視終訟，勸令六等將此納糧海地內，抽出西村口社前海地一所，東至沙岸，西至盡水，南至西方路頭南面，北至林鳳渡口稅與西村口鄉林雪梅等暨插蠔礌及蠔株，言明每年每百株蚵株抽稅叁株，每百株蚵礌抽稅叁株，逐年成熟之時，聽上林六等收取以為完糧祭祀之資。

烈嶼的石蚵養殖主要在黃厝到龜山（貴山）一帶海域，而蚵埕的歸屬，在各聚落居民及長老的協調分配下，歷經數百年來的演進，逐漸形成今日的規模。

西甲的蚵田

在湖井頭到上林間的這段海灘，所養殖的石蚵碩大肥美，肉質結實，養活了西甲無數子民，舊時生活條件不佳，來自海上自然生長的石蚵，無疑是老天送給西甲子民最好的禮物，是先民餐桌上不可缺少的美食，除自食外，以日曬脫水成「蚵乾」，再透過西甲航運賣至廈門、石馬、漳州一帶，也能改善居民的生活。

三、石蚵的養殖方式：

石蚵生長極為快速，每年農曆十月至翌年四月，皆是石蚵的生產期；民間傳說佛祖不喜歡太過肥大的石蚵，故在農曆二月十九佛祖誕辰過後，石蚵最碩大肥美，肉質香甜，更是深受居民喜愛。

烈嶼西甲的蚵埕，依據個人的規模及蚵嘟的「站立」方式，主要分為：

「蚵嘟釘」：就是將石條塊整齊依序插在海灘上，讓海蚵幼苗隨海水自然附著生產於石板上，並攝取大海中天然藻類為食物，採收時用鐵器將附著於蚵嘟上的石蚵「刮下」即可，稱作「撆蚵」，是最普遍的養殖方式，由於每塊蚵嘟均獨立於海灘上，有如釘子一般，因而得名。

蚵嘟釘

五塊嘟

「五塊嘟」：先豎直立一蚵嘟當基準，其餘四塊再靠立於基準上，由於五塊石蚵嘟相互依靠，減少石蚵苗受海水潮汐的沖刷力量，增加蚵苗的附著率。

「一龍」：先立一基準蚵嘟，對面再以另一塊以「人」字型方式推壘，其餘以接力方式往前延伸，有如接龍一般故得名，又稱「蚵龍」；由於蚵嘟與蚵嘟之間相互依靠，蚵苗的附著率最高，但最為辛苦，每年三、四月間，擎蚵完後，不管收成如何，都要將附著在蚵嘟上的蚵殼清除乾淨，稱為「洗石」；洗石後順勢將蚵嘟平置放於土堆上，由海水來沖刷，等到農曆五月過後，再依上述方式「一龍」豎好。

四、槍口下生計：海岸線的管制

一九四九年底兩岸風聲鶴唳，戰事一觸即發，國軍退守烈嶼後，重兵駐守，為建構足夠強度的防禦工事，強拆宮廟、民居、蚵石等石材以堅固防線，據《新金門志》調查，金門原有蚵石2,831,541條（每條三、四尺長，八寸左右寬，二、三寸厚），至一九五六年僅存1,361,194條，其中烈嶼數量為106,490條；其產量也從一九三二年的二百公

以鐵絲網圈圍的海岸

一龍

軌條砦

噸，降至一九五一年估計的五十公噸(許如中編，一九五九)。

此外湖井頭、雙口前方這一段蚵埕，地勢低窪，坡度平緩，又臨近於大陸，易攻難守，是共軍登陸上岸的理想位置；國軍為了戰備考量，自一九四九年起，逐步增建防禦，具體作法是在沿海廣建碉堡崗哨，沙灘佈雷設防，海岸上種植瓊麻、龍舌蘭、九重葛等多刺植物作為阻絕與防禦措施，海岸線以鐵絲網圈圍嚴格管制。

一九五四年九三砲戰結束後，當時的金防部司令官劉玉章將軍，指示推動工事地下化，建構防空洞和軍事坑道，沿著海岸線而築，以阻礙敵軍登陸的防禦；軍方在海岸線上以廢棄的鐵路鋼軌，45度斜插在以鋼筋水泥灌注的基石，稱為「軌條砦」，形成一條封閉式的反登陸防線，興建時除了要克服潮汐的時間，退潮時迅速趕工，一方面還要躲避對岸共軍的砲火，工程相當艱辛；西甲海

灘民證(照片翻拍至烈嶼鄉文化館)

湖井頭蚵管哨

域的軌條砦是在一九八五年由駐紮在湖井頭，部隊番號陸軍一五八師六營一連所負責施工的，當年湖井頭連號稱金防部最強的一個政戰連，除了構工地點佈滿地雷外，施工期間正逢冬季嚴寒，戰士們清晨跑玩五千公尺暖身後，只穿短褲一件，利用退潮到胸部高度即開始構工，一直到海水退潮再漲潮到胸部部位才結束，全程幾乎是在冰冷的海水中挖掘深一公尺半的埋樁坑，就在榮譽心與責任感的驅駛下，如期的完成任務。

為有效管理海岸線的出入，政府制定「防區漁(蚵)民管制規定」，蚵民出海必需申請並獲核准才可下海，其規定如下(呂允在，二〇〇三C)：

防區漁（蚵）民作業管制規定：

壹、作業時間

一、夏令：四月一日至十月三十一日，每日零三三零時至一九零零時前。

二、冬令：十一月一日至翌年三月三十一日，每日零四零零時至一八零零時。

貳、作業規定

一、漁民憑縣政府頒發之漁民證，蚵民及灘釣憑個人身份證（十五歲以上），非金門籍憑警察局核發之釣民證，經港哨查驗後，留置證件並放行。

二、漁船（舢板）應懸掛國旗（船上放置聯絡旗及夜燈備用），以利識別。

三、基於警驅射擊安全考量，夜間漁船須在防區限制水域以外作業。

四、船筏舢板夜間每日一七〇〇時前出海，翌日一八零零（夏令一九〇〇）時前返港。夜間遇敵襲或五級以上強風等特殊事故必須返港時，應懸掛當日燈號以資識別。

五、海軍船團來金時，航道內禁止佈設漁網。

六、蚵民作業僅限於海岸潮間帶及蚵場，凡重要軍事設施標示區一律禁止作業，並嚴禁搭乘船筏出海作業。

不同顏色之蚵管帽

七、灘釣人員一律於防區核准開放十五處灘釣場範圍內實施灘釣。

在一九七〇年代以前，兩岸情勢緊張，國軍對於海防的管制非常嚴格，居民申請下海採蚵，要先向村公所報備，村公所統計申請人數後統一將申請人集中至村辦公室，再聘「攝影師」為蚵民拍照洗出照片，照片需準備十二張，分送各層級申請，經過層層審核，名冊由民防總隊訂定，再下達給鄉公所，再轉到村公所；村公所依格式繕造名冊二份，一份陳送鄉公所，再轉總部隊做為製作蚵民證之用。

蚵民證核發後，蚵民憑證出海，哨兵核對名冊無誤後，准其出海，蚵民證每三年需重新申請換發，每次換發均需重新「拍照」洗照片，對於生活艱苦的蚵民來說，這筆「額外」的照片費用，是不小負擔，但為了繼續採蚵以維持生活，不得不妥協，蚵民敢怒不敢言；蚵民每次下海時，必須繳交蚵民證和身份證交付哨兵，待其返回時再核對歸還。

一九八〇年代軍方為防止共軍登陸混充蚵民，設計藍、黃兩種顏色帽子，並每日不定期更換顏色，規定蚵民出海必須戴當日規定的顏色帽子，如果近海發現沒有戴帽，或雖戴帽，但帽子格式、顏色與當日規定不同者，哨兵可以很容易發現，提高海防崗哨哨兵辨識敵我雙方的速度，以防共軍諜報人名冒充混進。

一九八〇年代後期，兩岸情勢稍緩，軍方進一步放寬對於海岸的管制，製定「灘民證」、「釣魚證」，允許沒有「蚵田」的居民經申請後可下海從事釣魚及揀拾貝類等工作。

五、和平的見證：海岸的解禁

一九四九年當時國軍與共軍的對抗中，節節失利兵敗如山倒，中秋節過後不久，國軍便大規模地退守烈嶼，為防止共軍進逼烈嶼，國軍剛到烈嶼就在四周沙灘佈雷設防，就連村莊外圍也都佈雷，佈的都是用引線的炸彈型地雷，當時部隊又不停地移防，根本沒有列管和管理，新來的部隊又不停地重新再佈一次雷，如此周而復始的循環著，造成到處都是不明的雷區，結果沒有炸到半個敵人，有一回新移防到的部隊又在上林至龜山沙灘佈雷，不小心絆到以前佈的地雷爆炸，一個班的人員幾乎都報銷了；當時不但軍人常因為構築工事觸雷，老百姓為了生活，居民在海灘養殖海蚵、或捕魚時，也常因誤闖雷區而觸雷，被炸死亡或炸斷雙腿。(呂合成主編，二〇〇七)

一九九七年聯合國「國際反地雷組織」在加拿大渥太華正式成立，台灣不是聯合國會員國，但政府支持渥太華禁雷公約，二〇〇六年立法院通過「殺傷性地雷管制條例」，明訂法案生效後七年內，把部署在包括金門及附屬島嶼的前線地雷清除完畢；二〇〇七年四月一日陸軍成立排雷大隊，專責排雷任務，自二〇〇七至二〇一三共七年時間，排雷大隊共清除、銷毀各式雷

彈九萬五千八百零六枚，二〇一三年六月十日國防部正式公告金、馬雷區排雷完成，金門包含烈嶼正式成為「無雷島」。

隨著兩岸情勢的和緩，國軍精實案大幅的減少島上駐軍，昔日兩岸劍拔弩張、風聲鶴唳的高張力軍事對抗已不復見，取而代之的是兩岸居民的熱烈來往；西甲海灘由於最靠近大陸，基於地利之便，兩岸居民交流熱絡，此時大陸廈門、圍頭、歐厝等漁民，便將當地農產品、漁獲、日用品以船運方式，運送至雙口前海灘，用較為低廉的價格，販售給烈嶼居民，當時夜間的雙口海灘有如小型市集，來自對岸的賣家和本地的買家都匯集在此處交易，居民戲稱為「小額貿易」；但兩岸畢竟分屬不同政治立場，就在「海巡署」強力取締之下，

金廈泳渡

才逐漸消失。

二〇〇九年金門與廈門兩岸官方單位，共同舉辦「金廈海域泳渡」，分別選定廈門環島路椰風寨海灘及雙口海岸，作為兩岸金廈海域的下水及入口，雙方約定單數年由廈門游向金門，雙數年由金門游向廈門，運用兩岸特殊的地理位置，藉由「金廈海域泳渡」的舉辦，兩岸泳士突破金廈間通稱「海峽中線」的限制水域，在一九四九年國共戰爭造成兩岸分離一甲子後的二〇〇九年，身處在兩岸過去軍事對峙第一線的金門與廈門，營造出「泳渡金廈，永度和平」的美好期待。

金廈泳渡

第三節 教育發展

教育為百年大計，西甲雖處島嶼偏鄉，但先民對於下一代教育極為重視，在一九二〇年代，東坑居民聘請名為「旦仔」的青岐人氏，到東坑來教導村中兒童識字讀書，學堂設立於呂氏家廟內，由於當時民間普遍貧窮，並無多餘的金錢支應老師薪水，老師只能靠幫忙村民讀寫南洋來的書信，收取少許的紅包作為生活費，老師的收入並不豐富，唯有在祭祀拜拜時，村民會將作為牲禮的「全雞」，留點雞內臟給老師打牙祭，民間流傳「人之初，性本善，老師愛吃雞胗(閩南語)」調侃。

一九四九年國軍駐守烈嶼，基於戰備需要，國軍指派軍中教育程度較高的軍人，教導村民識字讀書；一九六〇年代，八二三砲戰過後，政府推行「一村一校」計畫，增建校舍，強迫學童入學，雖然該計畫是由政府所推動，但有關校地的取得，經費的來源，仍需由各村落配合捐地、籌款。

當時政府籌建「西口國校」，校址暫定於下田村落旁，土地由蔡進財等多位下田村民獻地興建，但是此一決定遭到西方村落居民的反對，時任西口國校家長會西方村的委員林水勝認為西口國校的建校配合款是由旅汶萊僑領陳天送君一人在汶萊華僑中勸募來的，他一人前後募了十六萬元，從西方和西吳兩村的僑胞中募得十萬元左右，從東坑和雙口兩村的僑胞中，僅得六萬元左右，出錢多的一方的意見，應獲重視，故校址應選在西方村。

這一決定立即遭到東坑、雙口及湖井頭等地村民的反對，並由東坑的孫志駕、呂總、雙口村的林德田、林典等代表前往金門縣政府文教科陳情，並獲得當面以電話告訴時任烈嶼鄉長的李漢秋暫緩興工。

一九六五年八月一日，鄉長李漢秋再次在西口村召集西口國校家長會的委員，協調改建新校舍的地址爭議，並轉達僑領陳天送來函，希望該校能在原址西方興工，至於雙口、東坑建分校一事可向縣府申請，他一定負責全部費用，但因該兩村的家長會委員堅持，如建分校則必須與校本部具同樣規模，以及地址須在下田等

東口分校碑誌

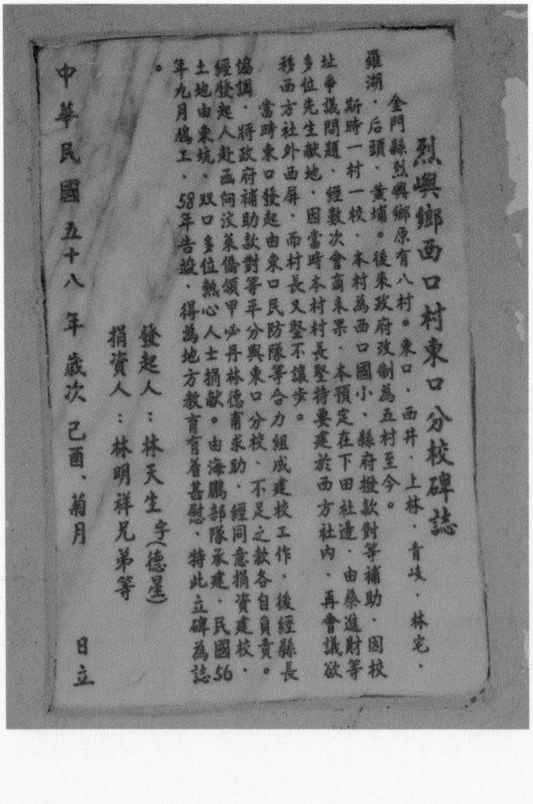

烈嶼鄉西口村東口分校碑誌

金門縣烈嶼鄉原有八村。東口、西井、上林、青岐、林宅、羅湖、后頭、黃埔。後來政府改制為五村至今。斯時一村一校、本村為西口國小、縣府撥款對等補助、因校社爭議問題、經數次會商未果。本預定在下田社邊、由蔡進財等多位先生獻地、因當時本村村長堅持要建於西方社內、再會議欲移西方社外西屏、而村長又堅不讓步。

當時東口發起由東口民防隊等合力組成建校工作、後經縣長協調、將政府補助款對等平分與東口分校、不足之款各自負責。經發起人赴函向汶萊僑領甲必丹林德甫求助、經同意捐資建校、土地由東坑、雙口多位熱心人士捐獻。由海鵬部隊承建、民國56年九月爲工、58年告竣、得為地方教育有着甚慰、特此立碑為誌。

發起人：林天生字(德星)
捐資人：林明祥兄弟等

中華民國五十八年歲次己酉、菊月　日立

苛刻條件，而仍取得共識。

一九六六年政府力排眾議，將政府補助款隊等平分與東口分校，不足之款各自負責。當年秋天於西方現址興建「西口國民小學」校舍，並由駐軍杜品武兵工支援興建，一九六七年夏天完工；同年「東口分校」也動工興建，由發起人林天生(字德星)寫信向雙口旅汶萊僑領甲必丹林德甫求助，經同意捐資建校，土地由東坑、雙口多位熱心人士捐獻，由海鵬部隊承建，一九六九年完工，學校範圍不大，校舍為一字形建築，中間是辦公室，兩側各有二間教室。

東口學校自一九六七年開始招生，後來由於人口外流，學生數大量減少，不得以在一九七五年後就停止招生而廢校。

學校的產權歸屬湖井頭、東坑、雙口所有，廢校後曾經荒廢一段時間，後來租給民間開旅館(悅來客棧)，沒幾年由於旅客太少，客棧也歇業，曾經有段時間出租供人開設卡拉OK使用，最後因市場消費人口太少而歇業。

西口國校重建誌

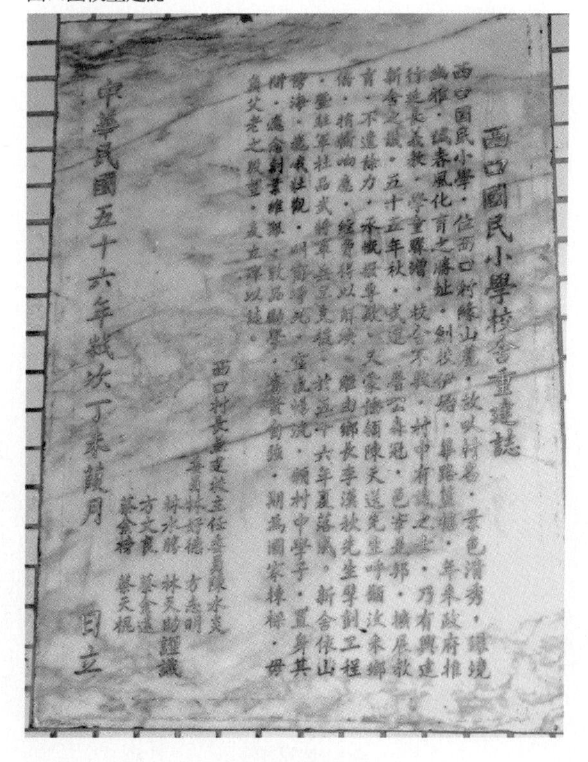

第四節　西方街的發展與變遷

西方位於烈嶼島的中心偏西，為南北二邊山脈中間低窪平坦位置，自古以來，西方就是烈嶼各聚落往來的交通要衝。一九四九年後，國軍在島上駐守大量軍力，並針對防務需求佈署兵力，如島上北端湖井頭及島的西部海岸線，因直接面對廈門且距離大陸又近，故駐守大量軍隊以防敵軍登陸；島上諸山挖空，利用山勢興建碉堡以增強防務；烈嶼指揮部則設於相對「後方」的龍蟠山內，西方村正處於烈嶼指揮部往來於島西的海防據點，及往連山、紅山上的砲兵陣地的連絡要津上，東側連山與觀音山中間的山溝，更因地勢隱密，國軍在此駐

西方街位置圖

紮兵力，名曰：「金陵山莊」。

一九四〇年代國軍在大陸的攻防節節敗退，一九四九年大批軍隊登陸烈嶼，有些部隊長官會調查哪裡有空房或大廳，分配給官士兵進駐；更大多數的軍人則直接強徵民房作為軍營，引發不少民怨與糾紛，幸賴位於南塘的十四師長伊俊要求部隊祭出「軍紀」及地區仕伸的奔走協調下才平息民怨（呂合成主編，二〇〇七）；基於戰備考量，軍方於島上佈署興建大批營房，軍人才逐漸撤出民居，但仍然在聚落周鄰，軍民互動密切；在一九五〇年代後期，西甲各村莊由於聚落旁有不少軍營，因此居民紛紛將自家改造成「商店」，作起阿兵哥生意，經營的項目非常多元，有冰菓、小吃，什貨日用品供應，及撞球、小說漫畫出租休閒娛樂；紅山腳下的東坑，就是因為紅山上駐紮大量軍隊，基於阿兵哥採買需求，在一九六〇年代，不少居民將自家農產品帶到東坑，或是經由金門本島、東林批發日用什貨等商品，聚集在呂氏家廟旁通道，形成一簡易市集，市集規模非常簡陋，蔬菜、什貨都直接置於地上，豬、雞等肉品也稍以長板凳墊高，當時是西甲地區唯一市集。

在一九七〇年代，當時派駐在被稱為「西井村」的「副村長」孫昔師，同安人，入過學堂讀過書，一年四季不論寒暑，皆一襲長衫長袍馬褂唐裝衣著，是村民眼中的「讀冊人」；孫君滿腹經綸，尤擅長風水、堪輿之術，他勘查西方村風水格局，認為西方東面及北面有高山，南面及西面為平原，尤其是西邊與西吳接壤，有個「缺口」，整體格局有如「跳高甲」，不利於人丁繁衍；適逢政府鼓勵地方興建「國民住宅」，因此向時任西口村長陳水炎建議，在村前興建國民住宅，這樣有如「官袍上繫上玉帶」，有利於西方村「人丁興盛、子孫發達」。

陳水炎村長接受了孫昔師的建議，找上了林虎德、孫允典、蔡水思、林水盛、方碰、西吳蔡天送等村中仕紳，籌組「建築委員會」；有鑑於在一九六三年後，島上東林街的開通，繁榮了東林村，為居民帶來的可觀的經濟收入，且又見到西方村四周駐紮了大量的國軍，及往來於各據點途經西方村的阿兵哥人流，故此委員會決議選定現今「西方街」的現址來興建商店，企圖打造烈嶼的新商業中心。

有了共識後，委員會集資以每平方公尺新加幣五百元的價格向村民收購土地，規畫興建兩排相向，每排各三十間，共六十間鋼筋混凝土店屋，打造成「西方街」，同時訂出每間新台幣六萬四千九百元的價格，開放烈嶼鄉民登記購買。

西方街於一九七一年動工興建，歷時三年，於一九七三年完工；完工後的西方街，店屋整齊，街道寬敞，眾多商家進駐，營業項間包括：冰菓室、什貨店、五金店、布店、中藥店、藝品店、西點麵包店、錄影帶出租店、打鐵店、小吃餐飲店、浴室大眾澡堂、飲料食品行、木料加工、書局文具店、冰廠、攝影照片館、金紙香燭店等，應有盡有，幾乎涵蓋日常生活所需，也吸引了島上居民及駐軍前來消費，不少商家為了營業需求，紛紛將原本一樓店面增建第二層，在一九七〇年代，西方街人潮絡繹不絕，相當繁榮興盛，是島上另一商業中心，和東林街分庭抗禮。

西方街的成功，讓時任村長的陳水炎相當有信心，再次規劃街道的北側池塘，採填土造地的方式，興建「西方市場」，販售雞、鴨、肉及蔬菜攤，讓西方街的營運項目更多元，以滿足消費者採購需求；但傳聞東林街的商家，擔心西方市場的開建，會搶走他們的生意，因此對也在東林市場作生意的地主施壓，不提供土地興建市場，因此「西方市場」的計畫才停擺。

在缺少肉品及蔬菜的供應下，無法滿足消費者一地購物的消費習慣，加上駐軍的減少，在一九七〇年代後期，西方街逐漸沒落，商家逐漸退出，許多曾創造經濟奇蹟的店號也吹熄燈號了，將一樓商舖改為「住家」型態，原本繁華的西方街路，歷經繁華、煙火，最後隨著硝煙的平歇，畫下了一個名為遺憾的句號。

二〇一七年，政府的「發現邊境小鎮」計畫中，贊助特色小店經營，其中年僅二十二歲的陳家揚，將原為祖母所經營

西方街（2018.8.30）

的「嘉年華」冰菓室，重新開張，製作「桶餅加進牛奶的甜品」，「烈嶼芋頭製成蜜芋頭和芋圓」，島上特產貢糖也成為挫冰配料，結合本地土產及現代元素，開發各式冰品，為老店注入了新的創意，也開啟了新的商機；此外利用二樓空間，舉辦的烏克麗麗訓練班、手工藝活動、藝術畫展等，重回往日冰菓室吃喝、聊天、約會，輕鬆完成人與人的交流的空間。

想要一個地方的重生，並不是靠一個人的力量就能完成，他想將冰菓室造就成一個平台，執行文化空間展示、結合在地商家產品製作新型態點心，提供平台供在地民宿或商家廣告行銷，共同發展烈嶼特色文化，共創烈嶼鄉新的文化繁榮，並成為新的文化據點。

希望藉由「嘉年華冰菓室」重燃燈號，讓更多旅居在外的同鄉看到並認同，原來這裡還有著機會，還有著改變的可能性，繼而參與其中，讓老街回到昔日的光彩。

第四章

文化地景

第一節 西方甲的守護神：「北風王」與「白雞」

傳統農業社會，對於「風水」極為重視，晉朝郭璞：「氣乘風則散，界水則止。古人聚之使不散，行之使有止，故謂之風水」。對於人與自然環境的關係，主張「藏風得水」，又以「得水為要、藏風次之」、「藏風納氣」的風水概念；但是「不適任的風」，如疾風、強風等對人不利的風，皆稱為「風煞」，是會對人產生危害的。

烈嶼位居福建東南沿海，九龍江口外，四面環海，因孤懸於海中，四面無高山屏障，每逢秋、冬之季，來自大陸北方寒冷而乾燥的空氣南下，風力特別強勁，所造成的危害亦特別嚴重；又烈嶼地處中國大陸東南福建省外圍，東面又臨台灣海峽，遠接廣大的太平洋，再加上南方南中國海，屬於亞熱帶之海洋氣候，因此夏、秋之季，來自於太平洋及南中國海的冷空氣及熱帶氣旋所形成的熱帶風暴，所引發的強風豪雨，對於島上居民的危害更為嚴重。

自古以來，烈嶼移民社會飽受風害之苦，故居民視風害為「風煞」；《滄海紀遺》載：「浯地隘而瘠薄，加以風沙飄壓之患，民之有常業者無幾。」清《金門志》：「隆冬，海風焱驟，飛沙滾塵。東方濱海郗家，沙壓與室埒；夜棲宿房廬，且已閉塞。辟除之，始得出入。」又「居人多以布裹頭，盛夏不輟；海風破腦故」。

西方北側的靈山與通山之間的山溝，是烈嶼通往後山的交通要道，但冬季冷冽的北風穿過兩山之間，形成「寒風煞」，威脅村民健康，同時因北風而滋生之「風蟻」，啃食民居木構建材，危害到聚落安全；故此西甲先民在風口處，建置「風水廟」，塑立供奉「北風王」、「白雞」，用以鎮風煞，庇佑村民，可惜一九四九年後幾次戰禍，風水廟、北風王及白雞皆毀於砲火之下。

現位於西口村辦公處後方之「北極上帝廟」，創建年代已不可考，相傳原為鎮風制煞所建立之「風水廟」，內供奉西甲境主玄天上帝，西甲村民相信玄天上帝法力無邊，在風煞處供奉玄天上帝能鎮風制煞，保佑村民；舊時北極上帝廟，非常簡陋，規模僅為約一人高之風水小廟，後歷經戰亂，毀於砲火之下；一九七四年西方林水勝君提議修建，惟當時物力短缺，僅能以木料興建一簡易廟宇，廟宇高度也僅為成年人身高，讓神明有一遮風避雨之處，經過數年風蝕蟻蛀，椽朽榱傾，北極上帝廟早已殘破不堪；一九八九年西方旅汶鄉僑陳天送君返鄉，發現廟宇損毀嚴重，隨即召集村中仕伸及熱心善信，提議重建，組織重建委員會，發動旅汶僑親集資募款，一九九〇年於原址動工改建，以原有尺規為基，增建前亭，同年年底竣工。

完工的北極上帝廟，為單進式前有拜亭格局，正殿棟架為「不見木」水泥仿木型制，屋頂紅瓦，屋脊為燕尾翹脊型式，搭配彩繪泥塑脊飾及山牆脊墜；三川殿正上方匾額書「北極上帝廟」；正殿神龕主奉玄天上帝，左右配祀註生娘娘及福德正神，下龕奉祀虎爺，每年農曆三月初三日為玄天上帝聖誕。

新落成的北極上帝廟，其功能不僅是「鎮風制煞」的風水廟，也成了西方村民的信仰中心，為區隔西方聚落內之「釋迦佛祖、玄天上帝」廟，依其位置北極上帝廟又稱為「頂宮」。

北方王開光（林德明提供）

一九八〇年代後期，西方宮上帝公透過乩童指示，西甲應於西方村後方風煞處，重建「北方王」及「白雞」供奉，以庇佑村民，確保合境平安；一九八七年林水勝君發起重建，同時邀請西方仕紳陳水炎君出資捌仟元購買材料，同年十二月十七日聘請林天助君重塑北風爺神像，天助師以古代武將造型為參考，再配合傳統民間信仰中以「黑色」象徵「北方」的代表，重新創作「北方爺」；歷經十七天，於同年底十二月二十八日完工；完工後的北風爺，身長二公尺六二，頭戴金冠，身著蟒袍，右手持寶塔鞭，手扶官帶，黑臉長鬚，怒目面對東北方，神態甚為威武；當日聘請西路陳天順道長、乩童林水良為北風爺開光點眼，並設香爐供村民膜

北風王落成（林德明提供）

北風王

拜，村民深信神聖化的北風爺，能鎮風制煞，庇佑村民，又稱為「風王公」、「風神爺」及「黑面將軍」。

為紀念北風王重塑歷程，發起人林水勝特別商請林天助撰寫「烈嶼鄉西方村北風王重塑記」乙文，準備尋覓適合地點刻字敘述，但不知為何未能以碑文公開，二〇〇五年一月三日，烈嶼著名文史學者林文錬老師以〈地方傳說—烈嶼北風王傳奇與風雞〉為名，投書《金門日報副刊文學》，公開了北風王的重塑始末以供世人了解，全文如下：

烈嶼鄉西方村北風王重塑記：

風水之說，信之者眾，由來久矣。本村坐擁山脈東陲，形成坑壑，每遇風季，凜冽之東北強風，乘虛直衝村際，居民患之。但此處為通往嶼北六村之孔道，無法阻攔。乃有就教于堪輿家，但先後創頂上帝宮、北方王、白雞之舉，藉以鎮風水不利之意。

舊有北方王于民國三十八年被拆除，數十年來無法重塑，水勝鑒於近來家鄉百廢俱舉，惟北方王尚付闕如，即專程回里籌款重塑，敦請林天助先生勉任其事，距擇開光日期七十六年十二月二十八日只有十七天，因此水勝與天助於七十六年十二月十一日風雨無阻，夜以繼日不稍懈怠，但迫於時間匆促，無法做美化修飾，殊嫌草率。其造像以北方尚黑，故面黑執鞭，以示威武。並以開光之日為誕辰，藉憑膜拜。始建年代已久不可考，其命名出於風水師無疑，比如金門之風獅爺也！

此祀

董事　林水勝　謹識

由於設置的地點正位於後山通往西方的交通要道上，隨著觀光遊覽人數的增加，造型威武的北風王往往吸引遊客的目光，紛紛駐足參觀遊覽，本處已成為烈嶼著名的地標，是遊客到烈嶼必遊的景點之一，原為擋風鎮煞的功能，演變為祈福、照像的功能。

另外在二〇〇〇年七月十五日，東坑村民在村後塑立「北風爺」神像，造型類似於西方北方王，但以青斗石取代泥塑，外觀為石頭原色，並無彩繪裝飾。

第二節　烈嶼的代表圖騰：「風(白)雞」

安身立命是人類生活的基本要求，建構一安全穩定的生活空間是人類社會追求的目標，傳統社會先民將宇宙萬物，視為和諧的空間，但對於不可抗拒的災害和厄運，皆視為邪靈作怪，通稱為「煞」。

為了制煞避邪，在傳統民間信仰中，衍生出各種避邪物，又稱為「厭勝物」，「厭勝」依其字義為「壓伏而制勝」，辟邪物是一種象徵物，它代表神靈力量存在避邪物所存在的空間中，藉此達到驅邪制煞的作用。

民宅上之白雞

在烈嶼地區，以「白雞」辟邪物最具特色，《烈嶼鄉志》記載，烈嶼居民飽受風煞所苦，居民生活不易，只得祈求神明的庇護，因此先民們就創造了「白雞」的塑像，期望祂能驅邪制煞、造福眾生。

「白雞」如何成為辟邪物，其來源已不可考；但在古籍中，有諸多描述「雞」神力的記載，《烈嶼鄉志》整理了相關的記載，如王子年《拾遺記》描述一則傳說，「帝堯在位七十年，有祇支國進貢一隻重明鳥，眼像雞，鳴聲似鳳凰，這種鳥能夠驅妖除怪，搏擊豺狼虎豹等猛獸，使妖魔鬼怪不能為害人們。把牠獻來後，牠又飛回去了，以後有時一年來數次，有時幾年均不來，人們非常盼望重明鳥再來，因此無不洒掃門戶以待，牠未來之時，人們便拿木頭或金屬刻鑄成牠的形狀，安置在門戶上，魑魅鬼怪都望而卻步。其他尚有《本草綱目》載「巽為風為雞，雞鳴於五更者，日至巽位，感動其氣而然也」；《淮南萬畢術》「雞羽焚之可以致風」等記載。

此外烈嶼屬亞熱帶海島型氣候，高溫潮溼的天氣，再加上昔日建築樑柱屋頂皆為木造，易生白蟻，居民飽受白蟻侵蝕損壞之害；《本草集解》「家有竹雞啼，白蟻化為泥」；《格物麤談》「竹雞叫可去壁蝨、白蟻。」雞啄食白議的本能，自然成為「以物剋物」的象徵，隱含啄食白蟻防災之意。

民宅上之白雞

在傳統民間信仰中，白公雞被視為神聖潔淨的象徵，在道教科儀中，常用雞血作為驅邪趕魔的利器，特別是在「開光點眼」的儀式中，將白雞冠血混合硃砂置於寶鏡上，再利用寶鏡引入陽光，由於硃砂和雞血皆為紅色，喻含富生命力，「雞鳴一聲天下曉」，代表日昇東方即將普放光明，經過神聖化後就能發揮護庇眾生的神能，而取過雞冠血的白公雞，也在神佛金身開光時做為放生之物，讓「開眼雞」遊走千家萬户，鄉民還會歡迎啄食，視同神佛之蒞臨，又稱為「王爺雞」。

在民間社會中，雞與人類的生活相當密切；所謂「金雞報曉」，每天清晨，雞鳴喚醒人們一天的開始，故又被古人視為生命的象徵；在民間傳說中，妖魔鬼怪常出沒於黑夜之時，白天便竄回巢穴中，因此鬼怪最怕聽到雞啼，代表著天將光亮，因此連帶對雞也敬畏三分。烈嶼還流傳著「喜事雞開路」的婚嫁習俗；結婚之前，男方先送隻公雞到女方家，象徵婚姻吉利；出嫁女兒回門時，要送一公一母兩隻雞帶路，象徵生生不息；女兒生產時，娘家要送雞去慶賀，希望女兒吃麻油雞補身子；宴客的時候，雞頭對準首席賓客，以示敬重；此外「雞」的閩南語發音近似於「家」，因此民間有「吃雞起家」的吉祥喻意；同時在祭祀的供品上，不管是「三牲」或「五牲」，皆包含「全雞」在內，以表達對神明的敬意。

烈嶼孤懸海外，先民自大陸渡海來此，島上冬日北風凜冽，夏季則高溫潮濕白蟻為害，民生艱困，只能祈求神明庇佑，因此發展出「白雞」信仰，先民利用「白雞」的神性，以陶瓷或泥塑成白雞的型態，設置在屋頂、屋脊、簷角或外牆上，期待「白雞」能鎮風煞、食白蟻、驅邪避災、護宅保平安。

有的村落如西方、東坑、黃厝、庵頂、庵下、湖下、后頭、上林、南塘、西吳等，村民會在村落外圍入口處，或者是廟宇旁，設立較大型風雞塑像，以鎮風制煞，保佑村民平安，其中又以西方村口的「白雞」最具特色。

西方村口的「白雞」位於通往后宅村之路口處，也就是「北風爺」的前方，民國五十年，正值烽火連天的「八二三砲戰」、「六一七砲戰」過後，烈嶼百姓遭逢劫難，日子在「單打雙不打」中忐忑度過，宅第不是倒塌就是雨漏，村子周邊又遍植木麻黃，忽地白蟻叢生，鄉里驚恐無助。於是西方社熱心公益的林水勝先生倡議在「威鎮北極廟」後的山坡，豎立一尊「白雞」。並聘請西方社的土水師方練，以泥塑再用白灰敷面承作一尊傳說中的「神鳥」來剋蟻、鎮邪、安民。

一九八七年，適逢天助師重塑左側的「北方王」，故將鄰近之「白雞」也一併修整上漆，同年年底，連同北風爺的完工，由道士陳通順及乩童林水良共同主持開光儀式。

二〇〇二年，鄉公所撥款，把即將傾頹的「白雞」前移，連同周邊環境發包給發美營造廠整理修治，此次「白雞」是由發美營造廠的土水師孫天賞以洋灰塑造再上漆製成。

一九九九年五月，烈嶼鄉舉辦第三屆鄉運會，大會主題「希望、活力、烈嶼」，當時籌備會總幹事洪永善主任負責設計秩序冊封面與旗幟，他採以「白雞」做為吉祥圖案，時任烈中校長李再杭先生，認為以「白雞」之名，無法突顯烈嶼的特色，建議比照金門本島「風獅爺」的概念，定名為「風雞」，並以「風雞」作為大會的吉祥物，至此「風雞」變成了烈嶼的圖騰，烈嶼也成為風雞的故鄉。

綜合言之，「白雞」具有多重身份，作為神，受到供奉；作為牲，供奉給神；在犧牲之中，雞獲得神性，且融會於神。

白雞

第三節　海疆重鎮：湖井頭戰史館

一、雄鎮海門：海防據點之建立

蔣經國總統視察海防第一線

位於烈嶼島西南角的湖井頭，其邊緣距離大陸廈門僅數公里之遠，自古以來，就是烈嶼地區往來廈門的重要交通口岸；一九四九年，國共對峙，由於湖井頭位置極為靠近大陸，初期軍隊拆除民居、廟宇甚至墓碑石材充作建材，建構掩體；八二三砲戰過後，軍方更加強據點的防護，陸續以鋼筋混泥土建築碉堡，開掘壕溝防止敵人登陸，挖掘地道將戰力保存於地下等，特別是挖掘有如「螞蟻窩式」的地下坑道，將「連指揮部」、海邊懸崖據點、甚至是休息寢室等，透過地下坑道，通通連結在一起，四通八達有如地下迷宮，以確保在敵人的火網下，能保存戰力並作出反擊，構工過程中，極為克難，由駐守當地的阿兵哥，用臉盆至海邊裝砂，岸上撿石塊，胼手胝足，一磚一石的打造出來；就在軍方刻意經營與建設下，建構有如銅牆鐵壁的要塞保壘，是烈嶼守軍的重點防禦區域，也是軍方長官視導地區防務及外賓參訪烈嶼重要的據點之一，故有「天下第一連」之稱號，一般皆以「湖井頭連」稱之。

湖井頭連距離大陸虎仔山七千七百公尺、五通道八千公尺、雲頂巖山區八千五百公尺、廈門外港一萬公尺，主要負責烈嶼西北端的防禦，包括北自「紅土溝」，南達「雙口」海灘這段海岸；海面則連同湖井頭前方的「獅嶼」據點，監控著獅嶼至龜山，烈嶼和廈門之間的這片海域，是國共對峙時期前線中的前線。

在一九八〇年代，陸軍一五八師步六營步一連駐守湖井頭據點，該部隊極具戰力，是當時金門司令部最重視的一個連隊，任務極為繁重，舉凡如反登陸樁佈建，擴建心戰牆，增建轄區內碉堡崗哨，搭配湖井頭水上工作隊對獅嶼運補，空飄、海漂施放作業等各項作戰任務，都由

湖井頭連(莊銀柱提供，1984年)

步一連一肩扛起。

即便任務如此繁重，戰技體能的操練仍不能鬆懈，各項戰技如地面火砲射擊項目、七十五、一百七十五、三百公尺步槍三線射擊、火力班57輕機槍射擊滿靶、槍榴彈兵練習彈土坡射擊滿靶、六〇砲組實彈射擊小金門虎堡前方石堆滿靶等，均為金防部第一；全連五千公尺跑步成績為十九分鐘、全連阿兵哥單槓正面上、刺槍術全防區最高分、跳箱全連並腿跳……等各項體能戰技均名列金防部第一，一九八五更打破金防部記錄，是金防部有名的戰力部隊，跟海龍部隊一樣享有可以在海邊活動的特權。

在一九九〇年代以前，烈嶼守備區指揮部，將轄區內各部隊，分別排定「夜行軍」巡邏，即每晚排定若干部隊，於夜間實施荷槍實彈，全副武裝，自駐地出發，在規劃的路線上，於島上實施巡邏任務，一方面加強島上夜間防禦，一方面也能在敵人攻擊時，迅速反擊，路線全長大約為十至十五公里；由於湖井頭地勢險要，故無論是從島上的任何一處據點出發，路線上一定會安排湖井頭據點，巡邏部隊到達此處時，必須請湖井頭的衛哨簽名認證；也由於湖井頭連扼守海疆，責任重大，駐守此處的部隊操練也特別嚴格，在烈嶼守備區的戰技測驗中，往往名列前茅，但也由於湖井頭連責任重大，無法離開崗位代表烈嶼師赴金門本島或台灣參加國軍戰技比賽，只能分批次放「榮譽假」鼓勵；但無論如何，有不少曾駐守於此處的軍人，以戍守湖井頭為榮，這段守護海疆的軍旅生活也成為人生最重要的回憶。

二、攻心為上：湖井頭播音站

「孫子兵法」曰：「上兵伐謀，其次伐交，其次伐兵，下政攻城」，其中的「伐謀」，指的是運用謀略來制勝，以心理攻勢達成「不戰而屈人之兵」的目的；在近代的戰爭中，「心戰」因科技的進步而更加專業化，一九五〇—五一年的「南、北韓戰爭」及一九六五—一九七五年的「越戰」中，敵對雙方都運用了廣播和喊話來達到心理作戰的效果。

在國共對峙時期，高張力的軍事對抗，其勝負往往取決於士氣的堅持與否，孫子兵法「軍事篇」中強調「奪氣」、「奪心」，就是心戰，戰國時代兵家孫臏說：「伐國之道，攻心為上。」《三國演義》中馬謖曾說：「用兵之道，攻心為上，攻城為下；心戰為上，兵戰為下。」因此可見這種沒有煙硝的戰爭往往成為左右民心重要的利器。

一九五三年，大陸在福建廈門的角嶼島設立了「對金門廣播組」，而後陸續在大嶝、小嶝、何厝等地興建喊話站，對金門軍民實行心戰喊話；一九五四年國軍展開反制，分別於大膽、龜

湖井頭播音站

(貴)山、馬山、湖井頭等四處，建立「喊話站」，八二三砲戰期間，龜山喊話站被砲火擊毀，一九六七年再設古寧頭喊話站，對大陸福建沿海一帶實施喊話，從此兩岸進入「心戰」階段。

湖井頭喊話站初期裝設「中型擴音器」，八二三砲戰過後，於緊連碉堡處增建「湖井頭播音站」，裝置三十只大型擴音器，加強實施心戰喊話，一九八一年後設備再次加強，增大播音器功率，使聲波可到達兩萬公尺之遠，喊話收聽範圍含蓋整個廈門島，在聲勢上絕對壓倒大陸的喊話站，發揮對敵心戰的力量。

播音站的編制大約為站長、播音官、情報官、機務官等軍官及配置三、四名阿兵哥，負責機務、日常勤務及內部安全等工作；而負責喊話的播音人員，最初是由「女青年工作大隊」的隊員擔任，後來就由總政治作戰部在林口光華電臺招考，一九七〇年代中期開始在金門招考民間女播音員，由於金門地區實施戰地政務，故女播音員皆為金門本地人。

湖井頭播音站喊話效力圖

播音站的播音內容有固定的供稿來源，有一部份是由金門電台提供的現成錄音帶；另一部分則是由專人撰稿，經核定後再交由播音員現場播音，播音員不能修改稿件文字，只能照稿喊話；內容則參照時事來撰稿，例如在一九六〇—七〇年代，大陸文革時期，人心思變，因此喊話內容就偏重宣傳大陸統治者極權統治及高壓壓迫人民，反之則大力宣揚台灣實行三民主義，經濟發展快速，人民安居樂業等政治性議題，另外為達心戰效果，也會播放「進行曲」、「愛國歌曲」等音樂，放送方式大概是政治喊話十分鐘後，再插播流行音樂。

藉由高功率擴音器的傳送，播音喊話的範圍含蓋整個廈門島，但喊話效果也會受天候和風向影響，特別是風向(逆風)不對或者是風大的時候，考量喊話效果則必須停止喊話；即便在天氣好的時候，喊話播音也較一般口語速度不同，播音的速度必須很慢，才不會造成字字重疊、混淆不清楚的現象；此外為了尋求認同及方便收聽，以達到心戰的效果，喊話播音用的是國語和閩南語雙語播出；喊話開始前，先播放一段音樂，以舒緩情緒，開場白往往都是「親愛的共軍弟兄們⋯」，或者是「親愛的大陸同胞們⋯」，透過女播音員溫柔、輕軟的嗓音，輕聲細語地，透過播音喊話，企圖瓦解對方士氣，鼓勵共軍弟兄起義來歸，投奔自由。

由於國共雙方在兩岸分別皆設有「喊話站」，設置高功率播音器，且為防止對方砲擊，外層也會以鋼筋混凝土保護，透過喊話站的播音，企圖瓦解對方士氣，以達到心戰的目的，因此喊話站站人員是採二十四小時輪班制，平常大概是夜間才播放，但是只要有一方開始喊話播音，另一方也會立即開機還擊，雙方隔著海面，在空中你一言、我一語的隔空交戰，看似一場沒有火藥味的戰爭，但是隱藏在後的是雙方政治、情報的攻防；湖井

以鋼筋混凝土保護之湖井頭播音站

复兴基地的社区发展

政治傳單

海漂罐及內含宣傳品

頭播音站的情報官，要負責監聽大陸那方所播放的內容，記錄下來，每日清晨以電話方式回報金防部。

> 金門之廣播、喊話、經常晝夜不停向對岸匪軍及大陸同胞播出正義之聲，在卅餘年來，每次投奔來金之義士、義胞…其動機均為聽到我電台廣播或喊話站喊話，而遽下決心冒死投奔自由者，此為我加強廣播，喊話心戰之顯著功效……。

然而大陸方面，也不甘示弱，時常在我方軍政首長或外賓到來時，剛下船登岸的那一刻，立刻清楚的將首長或賓客資料，透過喊話明確的說出來，以展現其情報偵蒐能力。

湖井頭播音站初期喊話的內容多以威脅、恐嚇、利誘，或以強力勸服為主，是戰略性的心理作戰，以對方的全體軍民為心戰對象，擴大了「不是敵人，便是同志」的政治號召，強調除了少數的中共領導人之外，其他一律既往不咎，甚至要論功行賞。除此之外，還要打擊、分化、勸降，以達到心戰的目的。但隨著兩岸情勢的和緩，喊話播音的內容也隨之大幅改變，在一九八〇年代後期，常會播放些新聞、關心的話和歌曲，特別是一些鄧麗君的歌，如「甜蜜蜜」，「何日君再來」等流行音樂，鄧麗君甜美的嗓音及柔美的歌聲，透過喊話站大功率的放送，輕易穿過軍事的封鎖，成為大陸沿海居民最佳的安慰，因此大陸常流傳「白天聽老鄧（鄧小平），晚上聽小鄧（鄧麗君）」、「只要小鄧，不

政治傳單

政治傳單

要老鄧」的順口溜，她的歌幾乎人人都會唱幾句。而大陸方面除政治心戰以外，每逢節日也會送上祝福，甚至在天氣變化時，打趣的提醒烈嶼居民，快下雨了記得收衣服等人道關懷。

隨著科技的進步，無線傳輸的發達，衛星電視、網路科技的普遍，再加上兩岸情勢的和緩，一九九〇年代，兩岸逐漸停止傳統的「喊話式」的心戰，湖井頭播音站也終告停播，結束了兩岸長達四十餘年的「空中對戰」。

一九四九年後國共雙方軍事高張力對峙，劍拔弩張，砲火未曾歇息，但有趣的是，烈嶼與廈門天空有時反而異常的溫柔與祥和，雙方播音員你一言、我一語的隔空相互喊話，透過女播音員溫柔甜美的嗓音，在風向的不確定性下，雙方的播放內容，兩岸居民都不定時可收聽到，無論是兩岸政治性議題、新聞時事、或是流行音樂，透過喊話播音，陪伴著兩岸居民，已成為居民生活的一部分，也是一種屬於時代的記憶。

三、空飄與海漂

在國共對峙時期，幾次戰役的高張力軍事對抗，還有心戰廣播的空中較勁，另外就是「空飄」與「海漂」等實體心戰方式；它主要是用「汽球」與「海漂罐」等漂浮工具，攜帶政治性傳單，食品、禮品等民生日用品，在風力和潮汐的傳播下，送到大陸地區，以達到心戰的功

空飄作業

加強對匪廣播
雄壯歌聲穿鐵幕

【本報訊】烈嶼前哨湖井頭播音站，為擴大慶祝四十九年元旦，加強對匪實施心戰，特請國防部軍歌施教團盛誠教官及五六六〇部隊軍歌代表隊，錄音軍歌六首，對匪廣播。

錄音軍歌共分三種：獨唱•齊唱和二部輪唱。獨唱是盛誠教官的「家在山那邊」和「滿江紅」兩首，齊唱是（一）「以軍為家」，（二）「勇士進行曲」，（三）「英勇上前線」，（四）「台灣海峽起波濤」等四首。二部輪唱是（一）「以軍為家」，（二）「台灣海峽起波濤」等兩首。以上錄音歌曲，於日昨下午二時播出，效果極佳。（榮華）

虎嘯部隊

正氣中華報之報導(1950.1.8)

用。

故此極靠近大陸的湖井頭，自然是實施空飄與海漂的理想位置，現為「戰史館」的位置，就是冷戰時期著名的空飄汽球的施放點，是不少外賓來到烈嶼必安排的行程之一，也是中外來賓來金門視導的重要景點；一九六二年，前美國國務卿杜勒斯訪問烈嶼時，軍方特別安排他親手施放空飄氣球到大陸，一方面娛樂佳賓，一方面也作為某種「政治儀式」。

海漂則是利用潮汐時間，大概是每年四至十月期間，以塑膠製成的「海漂罐」、裝帶傳單在內的各種物資，由軍方僱請湖井頭居民所組成的「水上工作隊」負責施放，由於當時兩岸對峙，海面管制異常嚴苛，漁船出入均嚴格控管，漁船大都停放於「岸上」陸地，有需要時再再申請「入海」，因此每次實施「海漂」作業時，需先由湖井頭當地駐軍協助，將停放在陸地上的漁船「抬搬」至海面上，再由海上工作

鄧麗君於湖井頭施放空飄汽球

空飄作業

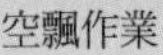

空飄作業

隊隊員駕駛漁船帶至適當海面散放，海漂品就隨著海水漂浮到福建沿海一帶，讓大陸人民撿拾收藏，以達心戰效果。

空飄及海漂的傳單內容大都為政治性的宣傳，如：「不是敵人、便是同志」、「消滅萬惡共匪」、「中華民國萬歲」等「政治性宣傳單」；另外還有宣揚台灣實行三民主義，經濟高度發展，人民生活富庶的宣傳，傳單為全彩印刷，極為精美；除此還會夾帶毛巾、洗髮精、牙刷、牙膏、香皂、汗衫、棉毛衣、毛線衣、玩具、香菸、口糧、糖果、餅乾、肉脯、收音機等民生必需品，逢年過節或特定紀念日還有大批年糕、粽子、月餅等。

海漂品利用潮汐漂送，心戰單位僱請漁民擔任海漂工作，由湖井頭水上工作隊負責海漂作業，每二至三天一次開船出去到海峽中線施放。起初是用民船（即工作隊員自己的船），後來軍方提供補給船，工作人員每三人一組。水上工作隊不同於民防隊，起初也要參加民訓，後來免除民防隊訓練，隊員原本沒有薪餉，後來比照上等兵薪水；由於當時居民生活普遍貧窮，物質相當饋乏，故品質精的海漂品深受大陸居民的喜愛，只要海漂品一放出，就有一群大陸漁船跑到海峽中線搶拾，據聞當年一包海漂品可以在市場賣人民幣三元，有人因此致富買房子(呂合成主編，二〇〇七)。

四、湖井頭戰史館

一九八八年時任參謀總長郝柏村上將，蒞臨烈嶼視察，有鑒於俗稱小金門的烈嶼，歷經多次戰役守軍卻無史蹟館維護保存，乃指示當時一五八師師長宋恩臨將軍籌備建館；宋師長選定湖井頭連隊的碉堡式據點作為戰史館址，率領官兵弟兄，於一九八八年九月十五日動工興建，日夜輪班披星戴月趕工下，歷時四個月於一九八九年完工，面積約九百平方公尺，與古寧頭戰史館、八二三戰史館並稱金門三大戰史館。

湖井頭戰史館

湖井頭戰史館建館誌

烈嶼雄峙金門西側地勢險要歷經烽火洗禮愈戰愈強愈苦愈奮尤以
民國四十七年八二三炮戰時在匪砲四百餘門猛烈轟擊下端賴師長
郝柏村將軍洞燭機先指揮若定官兵在其英明領導下誓死與斯土共
存亡奮勇還擊粉碎敵人進犯之野心然昔為海隅荒陬地偏物絀又戍
衛諸師移易頻仍致史料遺缺甚多嘆為憾惜直至民國七十七年八月
十九日總長郝一級上將蒞部視導囑建本館經多方籌措拾遺補缺文
獻歷數月而成本館依傍湖井頭施工期間各級長官暨全師官兵群策
群力下興建本館特以為誌

金門防衛司令部烈嶼守備區　謹識

中華民國七十八年元月一日

湖井頭戰史館落成誌

巍巍烈嶼龍蟠虎踞扼閩海咽喉具威鎮八方之勢溯自民國三十八年神州淪陷以還歷大二膽九三八二三諸砲火之洗禮始終屹立不搖更肩負捍台海之使命今日烈嶼堅固安重皆賴歷來守備軍民胼手胝足篳路藍縷所造就而本館除用以闡述烈嶼從無到有從有到更好之辛勤經營歷程外並發揚砲戰犧牲大無畏之精神以涕勉官兵之辛勞更淬礪來者堅毅之心館內布局史料齊備希參觀者感懷之餘繼志承烈則此一革命戰史可脈脈相承永垂不朽厥為大旨是為誌

參謀總長陸軍一級上將　郝柏村　謹識

中華民國七十八年元月一日

湖井頭戰史館為城垛式之建築、圓拱形門設計，入口中門二隻強壯威武的石獅子分置兩側相互對望，外牆左、右兩側各有一幅大型石雕壁畫，主題分別為蔣中正與蔣經國巡視國軍砲兵陣地的故事，藉此彰顯在八二三砲戰期間烈嶼砲兵弟兄的貢獻；進入大門為「總統頒授」「榮譽虎旗」，表彰八二三期間「陸軍第九師四十七年八月二十三日金門砲戰堅毅忠勇的特著戰功」，虎旗下則放置了各種類型的砲彈；榮譽虎旗牆的另一面則是一幅空戰圖與部隊的軍旗。

戰史館歷經多次整修，二〇〇五年十二月間，金防部將湖井頭戰史館移交金門國家公園管理處，並開放參訪；於二〇〇七年初進行內部展示裝修工程，並於該年十月十八日重新開幕。結合現代科技手法展現新風貌，展示內容包括資訊服務站、烈嶼守備師(旅)之戰績、鐵漢雄姿等單元。對於舊館展示資料則掃描成電子檔，除達到保存相關戰役史料功能外，並建置於電腦資料庫供遊客查詢閱覽。

展示大廳往內，中間L型坑道用來展示「駐守金門的日子」，再往內則是舊時原為偵防與射擊之用的碉堡，現已改為瞭望堡，有「阿兵哥的故事」和「瞭望體驗區」，設有高倍數望遠鏡，可眺望獅嶼、廈門市及湖井頭周遭海域。

戰史館前方廣場，露天陳列四〇高砲、九〇高砲及一〇五榴砲等國軍退役戰砲，廣場前入口保留有舊時守衛崗哨，下坡處則是湖井頭村落，軍方為了維持戰史館的一致性，以圍牆將湖井頭民居區隔，圍牆上呈現著以戰役為主題之彩繪，整體而言，湖井頭戰史館呈現著宏偉氣派，留連其中，讓人感受到戰地的氛圍。

2007年以前之湖井頭戰史館

榮譽虎旗

信仰篇

宗教與文化

第一章

釋迦佛祖、玄天上帝的信仰

「釋迦佛祖、玄天上帝」廟

「釋迦佛祖、玄天上帝」廟主祀西天佛祖、玄天上帝，位於西方村內，又稱「西方宮」、「西方佛祖宮」、「上帝公宮」及為與西方另一「北極玄天上帝廟」區隔，又有「下宮」之稱，為西方甲內西方、西吳、下田、雙口、東坑及湖井頭村落共同擁有，是西甲居民的信仰中心。

第一節 信仰源由與傳說

西甲「釋迦佛祖、玄天上帝」的信仰源由極具傳奇，相傳舊時西甲的先民在雙口海灘發現「觀音菩薩金身」，最特別的是神像外觀包覆一層「金箔」，法相莊嚴，金身完整，村民嘖嘖稱奇，乃將其供奉在烈嶼島的中部「靈山」上，由於位置高，廟中的油燈「宮火」在烈嶼四周海面上清晰可見，若是在海面上看不到觀音佛祖燈火，則代表航行過頭或是距離烈嶼太遠，必須回航，成為漁民夜間航海重要指標，靈山也因供奉觀音佛祖故又稱「觀音山」。

烈嶼四面環海，居民以捕漁為生，又地處亞熱帶，每當春暖季節易起濃霧，舊時漁船無導航設備，島上四周沿海又佈滿礁石，極為危險；有一年春季正是魷魚盛產的季節，島上漁民皆出海捕釣，忽然間刮起南風，瞬間大霧迷漫，海面上伸手不見五指，漁民叫苦連天，相傳當時每艘船頭上忽然升起「蓮花」，漁民跟著蓮花航行，都順利的回到島上，歷劫歸來的漁民上岸後，立即到廟中焚香膜拜，發現是菩薩座下的蓮花指路，漁民爭先走告，「菩薩蓮花指路」的神蹟傳遍島上，廟中香火非常鼎盛。

西元十六世紀，明朝末年，荷蘭人勾結倭寇、海上盜匪，搶劫福建沿海，朝廷雖派兵圍捕，但由於荷番是採「突擊」方式掠奪，加上沿海幅地廣闊，防不勝防，各地皆深受其害；傳聞每當荷番欲偷襲烈嶼時，廟中燈火會指向盜賊登陸的方向，讓官兵集中火力擊退匪徒，或者是島上公雞啼叫，提醒居民注意，烈嶼得以保全；盜賊久攻不下，暗中明瞭乃「佛祖庇佑」，於是買通島上不肖之徒，暗中破壞廟中燈火，才得以登陸上岸搶奪，惱羞成怒的荷番上岸後，以砲火焚燬廟宇，原廟中所祀神明由西甲內各村落信徒請回村中立廟奉祀，並奉為「境主」庇佑村民，如西方、下田供奉「上帝公」，東坑奉祀「清雲祖師」，雙口奉祀「土地公」，湖井頭奉祀「李府將軍」，西吳供奉「田府元帥」。

清代太平盛世，百姓安居樂業，甲頭內長老倡議重建「佛祖宮」，經「菩薩指示」，選定「西方」村現址重建，此地為「林氏」氏族所擁有，原本準備興建「林氏宗祠」，後因佛祖託夢指示，該地為「蓮花穴」，有如佛祖座下「蓮花座」，蓮花座可隨地升浮，宮火可遠照海外，庇佑鄉民；又當時西方村內「上帝公宮」傾圮，經佛祖指派「玄天上帝」神像搬入供奉，以代管理「神將天兵」等諸神，斬妖除凶，以確保合境平安，並重新命名為「釋迦佛祖、玄天上帝廟」，西方村也因奉祀「西方佛祖」，將原名為「西倉」的村名，改名為「西方」。

1970年的西方宮

1972年西方宮(林德明提供)

廟中主祀釋迦佛祖、玄天上帝，並尊奉為「境主」，其他陪祀神祇有觀音菩薩、三府王爺、蘇王爺等五府千歲、敝審巡察、註生娘娘及虎爺等。

釋迦佛祖為佛經紀載中的

同安瑤江大元殿

「釋迦牟尼佛」，《西遊記》中的如來佛祖，在民間信仰中，被神化成法力無邊、至高無上的神明，又稱「如來佛」、「佛祖」，佛祖的所在地稱為「西方極樂世界」或「西方淨土」。

玄天上帝分香自同安瑤江大元殿，又稱玄武大帝、北極玄天上帝、真武大帝、上帝公等；民間信仰玄天上帝乃北極玄武星君之化身，為上天四靈之一，擁有消災解困，治水禦火，護持武運及延年益壽的神力，神威顯鎮四方，故頗受信眾擁戴；相傳玄天上帝手擲七星寶劍，身旁有四大護法元帥，統領三十六天將，法力無邊，斬妖除魔，是民間信仰最普遍的神祇之一，各地均有立廟奉祀，其中又以傳說玄天上帝是在湖北武當山修道成果的真武廟最具盛名，各地的玄天上帝大都從其分香而奉祀，湖北武當山亦成玄天上帝信徒的勝地。

觀音菩薩又稱觀世音菩薩、觀音佛祖、觀音大士、白衣大士等，佛教的經典上說觀音菩薩慈悲心，世間眾生無論遭遇何種災難，菩薩聞聲救苦，是民間社會信仰最普遍的神祇；此外傳說觀音菩薩具有多種化身，因應眾生的需求而現身說法，如化身為「面燃大士」或稱「大士爺」，在中元節時，負責救渡、布施流浪在陽間的亡魂。

蘇王爺分香自金門新頭伍德宮，相傳蘇王爺為「恩主公」

陳淵的部將蘇永盛，清《金門志》記載：「神係同牧馬王陳淵同來金門者，屢著靈異。咸豐三年廈門會匪傾眾來犯，神先期乩示，令各戒備，賊果大敗。被獲者供稱，在海上見沿岸兵馬甚多，賊各氣奪，以是致敗。其祖廟在新頭，俗稱四王爺。兩營官兵奉之甚謹」。由於蘇王爺神蹟顯赫，賜福無數，故信徒遍及各地；清代駐守金門的水師官兵都信奉蘇府王爺，認為祂有禦寇、護航的功能，是金門地區重要信仰的神明，農曆四月十二日為其聖誕。

三府王爺為三尊神像之統稱，其姓氏、來源已不可考，信眾依據神像外觀而賦予稱號，如「三眼造型」稱為「三眼王爺」，面部留著長鬍鬚的王爺稱為「年長王爺」，而面部無鬚者則稱為「年輕王爺」；此外，在傳統民間信仰中，將宇宙區分為東、南、西、北、中，各方位各有其神明駐守，故西方甲以玄天上帝為首，聯合蘇王爺及三府王爺合組「五王」信仰，以祈求合境平安。

第二節 建築與碑文

釋迦佛祖玄天上帝廟的肇建年代已不可考，從現在廟中留存重建廟宇時的石碑「清光緒三十年」石刻字樣，研判早在西元一九〇四年，即距今一百多年前，廟宇即已存在，其中歷經多次整建，現今廟宇為一九九〇年重建，為「不見木」仿木混凝土建築結構，屋脊燕尾八字規，屋瓦為筒瓦，泥塑彩繪、雙龍拱塔脊飾，單進、三開間加拜亭格局，二〇〇七年增建拜亭四周欄杆。

拜亭入口為九階石梯，兩側階梯聯為：登階瞻仰為求福；入廟馨香秉至誠。

拜亭四點金柱前點金柱聯：萬法總歸三尺劍，五雲時現七星旗。

後點金柱聯：無我無人觀自在，非空非色見如來。

上方門楣書：「釋迦佛祖玄天上帝」。

正殿大門聯：座擁蓮台獅嶺靈勝先開成漉界，門朝蛇石龜山瑰奇座設輔玄穹；中港門及兩側小港門為紅色彩繪「門神」。

大門石鼓及內殿四點金柱，保留自原觀音山佛祖宮搬移而來，金柱聯對為：南海盡流皆

原觀音廟保留之大門石鼓

為民，部州何處承花飛。後點金柱聯：帝德巍峨高北闕，神威赫丞照南天。

殿內正上方「佛祖龕」，兩側聯對為：九品蓮花登法座，三尊金相出天台。供奉釋迦牟尼佛、藥師佛、阿彌陀佛等佛教三寶佛祖。

左側「觀音佛祖龕」，供奉觀音佛祖與善才龍女。

右側「三府王爺龕」，供奉三府王爺。

龍邊配祀「註生娘娘龕」，龕聯為：我貝乙片婆心抱個孩兒送你，你敬百般好事留些陰騭與他；供奉註生娘娘、當境爺公、福德正神。

虎邊配祀「巡察敞審龕」，龕聯為：善報惡報遲報速報總須有報，天知地知爾知我知何謂無知；供奉廠官爺。

中間下方為「玄天上帝龕」，供奉西甲境主玄天上帝，共分「大上帝」與「小上帝」，大上帝為鎮殿、出巡，小上帝有時會被需要的信眾，掛單請回家中；蘇、邱、梁、秦、蔡等分香自金門本島新頭伍德宮五府千歲；哪吒太子，關聖帝君，康、趙元帥等各路神明。

下龕「虎爺龕」，供奉虎爺、虎相公，又稱「下壇將軍」，為廟宇守護神。

內牆壁貼以彩繪瓷磚拼畫，為烈嶼著名廟宇彩繪大師「林天助」的作品，繪畫的題材大致分為三部分，二側內牆上是以傳統章回小說《薛丁山征西》為題材的連環壁畫，上端山牆及內牆有佛祖及上帝公部屬之「十八羅漢」及「三十六天將」彩繪，其他樑柱、牆面、窗台等空白處，均有花、鳥、山水、各路神仙彩繪，整體而言美輪美奐，極具欣賞與藝術價值。

廟前方建有碑坊，有石碑文三塊，其中於「光緒三十年，歲次甲辰仲冬月穀旦，重修廟宇記載石碑，修建西方甲廟宇序」，僅依稀可辯上述文字其餘碑誌勒石題字已模糊不清；另

碑亭與碑文

存二塊石碑文一九七二年立「修建西方甲廟宇序」及一九八六年立「西甲西方宮重建記序」分別記載如下：

《碑文一》：

修建西方甲廟宇序

聞之本境廟宇，係遠在明季，由觀音山遷來，據堪輿家言，址薈獅嶺蓮花之秀，而接龜山蛇石之瑞，真山川靈氣所鍾之福地也，廟中向奉釋迦菩薩及玄天上帝為境主，靈異迭著，信者遍及境外，是以舉島稱為聖地。創建迄今，中間雖屢經修葺，然皆限于財力，未臻理想。迨年前本境僑汶弟子陳天送君回國，目睹廟容簡陋，藍褸不堪，毅然有翻建之議。返汶後，遂發動義舉，當蒙林德甫、陳天振、林水擇、葉天扶、林水華等力襄其事，終於募回巨款，囑境父老集會研議，擇吉興工，並推選同仁等分任督導工程事宜，始能使廟煥然一新，瑰麗冠絕一時。茲以工程告竣，爰綴數語勒石，以誌始末云眾。

中華民國六十一年歲次壬子臘月吉旦立。

《碑文二》：

西甲西方宮重建記序

明季荷番（即荷蘭）先至浯烈後，佔臺澎，騷擾吾閩沿海，劫掠放火，無所不至，據烈嶼之時，觀音山古剎（佛祖廟）和福山大道公宮（即保生大帝廟）均遭燬夷，而後經吾甲內善男信士，提議重建佛祖宮，特聘堪輿。相地西村莊，此地係林氏所有，本擬建宗祠，夢佛祖指示該地建宮，以其有磐石，壯若蓮花地（即在今釋迦佛祖蓮座位下內）為證。仍曰蓮花地，穴可隨地升浮，該宮火可照海外甚遠。且謂日後菩薩靈應，必甲全島。於是甲內熱烈捐輸重建，同時將觀音山碩果僅存之石料搬來運用，使日後能知古蹟由來。旋因村之上帝公廟傾圮，神像搬入供奉，以代管理軍將神，並恭列諸神，自是佛道同堂，相沿至今。

宮廟乃傳統之土木建築，歷經風雨蟲蝕，以致屢修屢壞，勞人傷財，深感遺憾。民國七十三年，天送君適回國探親，有覽于斯，為圖一勞永逸計，返汶後與德甫共議發動捐募，再邀甲內人士集議，決定以混水泥重建翻建，即年（甲子）擇吉開工，為求美觀，並增建廟前亭、戲臺、碑亭各一座。竊念天送君、德甫君，既擔任海外募捐工作，復謬蒙家鄉推戴為委員會主委，又因身在國外，力難兼顧，故凡國內募捐及工程策劃；經費收支等事宜，一概由副主委暨全體同仁合力推行，以至於成。茲以全部工程告竣，仰瞻宮殿，富麗堂皇，預定戊辰年奠安，至堪嘉慶，爰敘始末，勒石以記焉。

中華民國七十五年歲次丙寅孟冬

佛歷二五三〇年，西元一九八六年吉旦重立

廟右前側建有八角金亭，正前方為戲臺，楹聯：此曲衹應天上有，斯人莫道世間無。

第三節 「西方宮」的籤詩

籤，或稱「神籤」、「靈籤」，是傳統民間社會用來向神明祈求運勢、吉凶的占卜工具；在烈嶼地區，西甲西方宮的觀音佛祖靈籤，極具盛名，不少信眾虔心向佛祖求籤，領得籤意，疑難莫不解開坦然，為此而金牌酬謝觀音佛祖。

一般民間宮廟常見的籤詩大致分為：「觀音菩薩一百首靈籤」、「六十甲子籤詩」、「雷雨師一百籤」、「六十四卦籤」、「二十八宿籤」，而又以「二十八星宿籤」為主，二十八星宿籤顧名思義，是由角、亢、氐、房、心、尾、箕、奎、婁、胃、昴、畢、觜、參、井、鬼、柳、星、張、翼、軫、斗、牛、女、虛、危、室、壁等二十八宿為字頭，所做的五言絕句做為籤詩。

西方宮的靈籤主要由「籤」與「籤詩」組成；「籤」又稱籤枝、籤條，為一形狀細長高約一尺之竹片，上端刻做成葫蘆形狀，刻有以序號搭配「六十干支」為編號，共六十支，置放於花瓶造型的圓型竹筒內，上方露出籤枝約三分之一，以方便信眾抽取。

「籤詩」的編號搭配「籤條」，西方宮的「觀音靈籤」籤詩內容極為獨特，除編號《第三首・丙寅》、《第五首・戊辰》、《第八首・辛未》、《第十四首・丁丑》、《第二十四首・丁亥》、《第六十首・癸亥》為一般常見二十八宿籤詩外，其餘五十四首的西方宮自創籤詩，相傳是神明透過「童乩」乩示後，再由西甲仕紳書寫記錄而成，歷經數百年來的演進而留傳至今，相當富有趣味與神祕性。

如第一首：「家中未順和，長幼多忤逆。日月又難過，外人笑九遭。」喻意家和萬事興；第五首喻意求子添丁；第六首求平安；第九首喻意貴人相助。五十三首則喻意寅吃卯糧、入不敷出的慘況……等等；西方宮籤詩包羅萬象，內容主要包括：未來吉凶、事業、功名、婚姻、家運、健康等生活大小事務，同時也反應當時的社會狀況，如不少先民落番下南洋而將妻女留守家鄉，第三十首：「我君在南里，妾守孤房幃。佇看雁南宿，傷情淚下垂」。將僑鄉婦女獨守空閨的苦境一語道盡。

西方宮籤詩

西方宮籤詩以五言絕句體裁書寫在粉紅色便條紙上，依「籤詩」的編號再分號置放於具有「小抽屜」的籤詩櫃中，信眾有需求時，首先會焚香向佛祖求籤，跪在香案前，雙手擲籤筒向神明報其姓名、住址等，並祝禱說明來意求籤，雙手上、下搖動籤筒，使籤條隨籤筒搖動而篩選出一支，再經卜筊確認神明是否同意，如獲得「允筊」（一正一反），便可按籤上的編號，取得該號碼的籤詩，並將原本抽出的籤放回籤筒；二〇〇一辛巳年，廟方製作八角柱型籤詩櫃，柱體中間置放籤條，柱體外圍則設計成小抽屜，並予以編號存放籤詩；取得籤詩後，信眾再持此籤詩請村中仕伸協助「解籤」。

第四節　組織運作：西方「老大」的權力與義務

釋迦佛祖玄天上帝廟務工作，大致分為每日「點宮火」與特定節日的儀式操辦；在民間信仰中將「香」、「火」視為神明的靈力展現，故維持廟內終年香、火之不墜是廟方每日最重要的工作，然而釋迦佛祖玄天上帝廟雖然是屬於全西方甲共同擁有，但舊時交通不便，每天的點宮火工作，對於距離較遠的村落，如雙口、東坑及湖井頭而言，就顯得相當不便，因此西方甲內長老協商，將每日點宮火的工作，由廟址所在村落西方及較近的村落西吳及下田，三個村莊的信徒共同輪值，具體作法是將三村莊內以家戶，一般通稱「口灶」，每一口灶以家長為代表，並依序書寫於一塊木板上，稱為「香火牌」，每一月為一單位，依序輪流到廟裡負責「點宮火」，以維持釋迦佛祖玄天上帝廟香火。

西方宮輪值香火牌

另外為叩謝神明，在特定的日子，廟方會舉行各項儀式，以祈求「闔境平安」。

釋迦佛祖玄天上帝廟的組織，

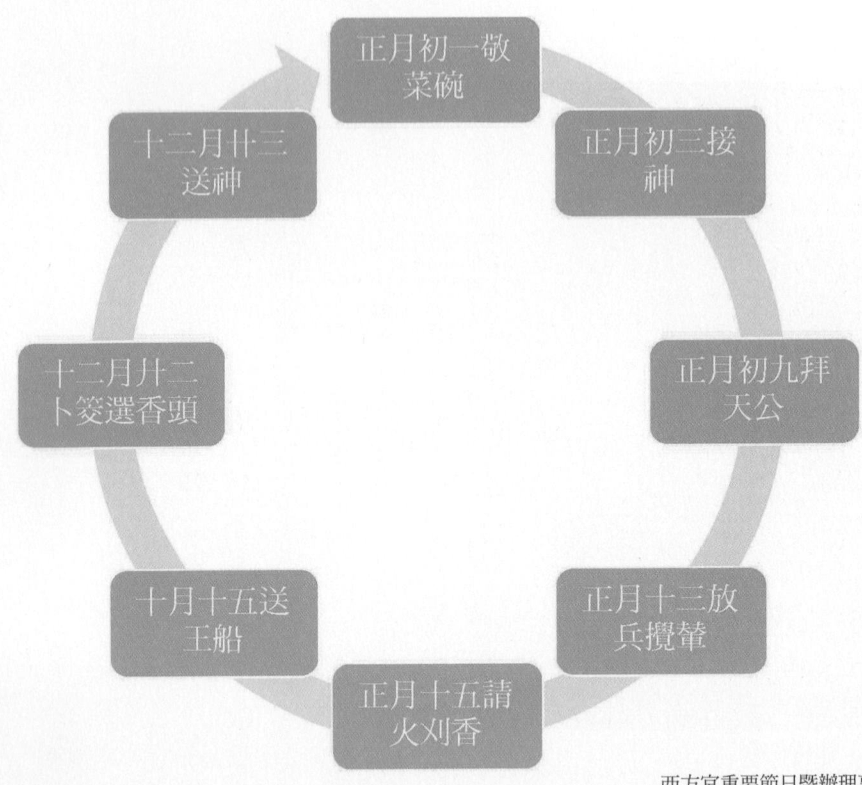

西方宮重要節日暨辦理事項

稱為「公司」，公司的最高權力中心，是以「境主玄天上帝」及其他眾神明的指示為主，透過「童乩」、「卜筊」等方式，指示「香頭」、「頭家」及信眾、村民行事。

頭家的主要工作為儀式操辦，工作相當繁雜，故長老依據甲內各村落人口及資源，協調各村落推派「頭家」人數，如雙口三人，東坑四人（上東坑、下東坑各二人），湖井頭三人（上湖井頭一人、下湖井頭二人），西方六人，西吳一人，下田一人，共十八人，而由西方、下田及西吳推派的頭家人選農曆十二月二十二日於廟中以卜筊方式決定大頭家人選，又稱為「香頭」。

長老，俗稱為「老大」，

顧名思義，是村落中具崇高地位的一群人，烈嶼為邊陲小島，舊時官府力量未能有限管理，島上的資源分配、糾紛排解等事務，均仰賴各村落的長老協調分派，特別的是，各宮廟祭祀儀式的操辦，都必須聽從其指揮，儀式中代表境內信眾，跪於祭桌後方，向神明祈福，祈求「合境平安」；由於長老身份崇高，在舊時農業社會，必須是兒子已經娶妻生「男丁」，已成「祖父」才具長老資格；但隨著社會結構的改變，晚婚、少子等現代社會的變遷，島上的村莊對於長老的資格已放寬至兒子娶媳婦即可，唯有西甲地區，長老的資格仍維持傳統，宮廟前石階聯對：「登階瞻仰為求福，入廟馨香秉至誠」，且高達「九階」的階梯，對於普遍上了年紀的長老而言，就顯得相對困難，也代表西甲長

西方宮石階

老的資格條件嚴苛。

長老的地位尊榮，又指揮監督頭家辦好廟中祭祀儀式，在農曆十二月二十三送神、正月初三接神、正月十三放軍、正月十五收軍及正月十六儀式後結帳，由西方村的頭家，扣除香頭，每人一日共五日，分別設宴款待長老，民間稱「西方老大吃五頓」，宴請的菜色不可馬虎，長老會指定「赤(瘦)肉」、「三層肉」、「大隻魷魚」、「全雞」等菜色，加上西甲幅員廣闊，長老人數達四、五十人，高達三、四桌的宴席，對於舊時生活較為清苦的人家而言，是沈重的負擔，也因此西甲坊間傳有：「西方老大，吃�相揪，有事不敢出三大門外」，嘲諷部分西甲長老只顧吃，而忽略平時排解糾紛的職責；隨著社會的演進，居民生活水準的提升，「西方老大吃五頓」的習俗才逐漸取消。

第二章

慶典與儀式

第一節　靈力的重整：瑤江祖廟的請火儀式

傳統民間信仰中，「香」、「火」都是一種「神」靈力的象徵，因此自祖廟分香而出的分靈廟藉由進香儀式來增進靈力。

西甲玄天上帝源自於同安縣瑤頭村瑤江大元殿移尊供奉；瑤江大元殿俗稱瑤頭上帝公宮，主祀玄天上帝，原名延福堂，在元代時由當地居民林延福獻地興建而得名，頗負盛名。

清康熙年間，靖海候施琅曾屯兵於瑤江，一六八三年，施琅整軍東征台灣，臨行前向玄天上帝發願，如出征得勝，願重建廟宇，後來兵行順利，攻克台灣；翌年施琅凱旋隆歸，還願捐俸重修，並擴大成三殿，因「臺灣」閩南話音同「大元」，故更名為「大元殿」。

瑤江大元殿香火源自於湖北武當山，舊時當地信徒每隔三年都要回到武當山請火，由於路途遙遠，交通不便，每趟要歷時三個多月，一路上餐風露宿艱苦跋涉，更有許多信徒殉道於途中；施琅重建大元殿時，體恤民情，特奏請康熙皇帝，敕封瑤江大元殿為「同一武當」，大元殿也成為福建地區供祀玄天上帝廟之「祖廟」，歷年來大元殿多次整修，現今規模為三進、中進明間七檁加後廊，木磚石結構，進口處保留元代延福堂時期照壁，更增其歷史意義，是當地著名的廟宇，信徒遍及海內外。

相傳西甲原供奉觀音佛祖，佛祖慈悲為懷，本身並無兵權，故指派瑤江大元殿內奉祀玄天上帝「大上帝」、「金上帝」及「水上帝」三尊分身，跨海駐守西甲，統領神將天兵，掃除妖魔，庇佑鄉民；西甲信眾每間隔三年，返回祖廟進香請火。

據鄉老口述，舊時交通不便，船運交通均仰賴人力，為配合潮汐往返，每次前往瑤頭請火，選在「大退潮」時，將三尊上帝公分身，固定於舢舨上，從廟前方舊南塘溪出發，南塘溪也因是上帝公請火的航道，又稱「上帝公河」，以人力划至湖井頭「赤礁」附近，適逢「反潮」，順潮流航經圍頭、劉五店直至瑤頭，而當時西甲漁業發達，擁有相當數量的雙帆大船，船東則義務地搭載隨香信眾，每趟請火大約維持百人左右；航程大約半天時間，到達瑤頭，當地居民以「黑糖薑茶」招待隨香信眾，廟方則加演「加禮戲」酬神，有次請火儀式中，由於酬神加禮戲演出非常精采，前來請火的「金上帝」捨不得離開，透過乩童轉述留在大元殿看戲；每趟請火儀式，西甲信徒伙食自理，入夜則在廟內、戲台下或人家借宿，隔日即返回西甲；一九四九年西甲瑤頭請火，當時國共內戰，砲火已打到瑤頭附近，當地居民通知，共軍將到，海域即將封鎖，催促西甲信眾迅速離開，之後兩岸分治，延續數百年之傳統因戰事而中斷。

大陸文化大革命期間，大元殿被指為封建的指標，是「破四舊」欲鏟除的對象，因此大元殿被充作皮革工廠，廟中神像、牌匾等文化，皆遭破壞殆盡，原「作客」的金上帝金身也難倖免，讓人相當扼腕。

隨著兩岸情勢的和緩及政府開放「小三通」，二〇〇二年西甲上帝公於中斷五十餘年後再度跨海請火，由團長陳水炎率信眾一百一十人，從料羅港搭乘渡輪前往瑤頭大元殿請火，同時恢復每三年請火傳統，亦即每逢地支年「子(鼠)」、「卯(兔)」、「午(馬)」、「酉(雞)」年，在農曆三月初三上帝公聖誕千秋前赴瑤頭大元殿請火。

西甲釋迦佛祖玄天上帝廟瑤頭請火儀式的對象是「上帝公」神尊，故行程以玄天上帝的金身為主，在請火前一日，廟方延請道士實行「放軍」儀式，藉由天將神兵的佈防，避免邪靈的入侵，再將上帝公安座於神輦上，神輦四周繫上象徵三十六官將的神像；當天，由代表上帝公令旗之「黑龍旗」領銜，依序為「香爐」、「神輦」、「王旗」、「五龍旗」及隨香信眾，在「開路金」前導下，出發前往祖廟請火。

請火隊伍先搭金烈渡輪至水頭碼頭，再轉赴小三通專屬客運碼頭搭渡輪前往大陸廈門，由於兩岸分治，往來需辦理通關證照查驗，故通關過程是採「人」、「輦」分開的模式；到達廈門入境，再驅車前

小三通模式請火

請火隊伍

瑤江大元殿請火

往，途中進香隊伍遶進由西甲子弟葉錦湖所開設的食品工廠，葉氏感念上帝公庇佑其事業有成，特別邀請上帝公入廠巡安，並以自家茶點招待隨香信眾，為上帝公傳奇再添佳話。

抵達大元殿，輪值頭家將西甲上帝公金身安奉於祖廟後殿玄天上帝佛龕內，同享信徒香火；並延聘馬巷道士作醮祈福，透過「讀疏」、「獻敬」、「讀經」等道家科儀，向上帝公祈福，祈求西甲境內「合境平安」，信徒「闔家平安」；中午由大元殿廟方於廟前廣場設宴款待進香團。

第二日，進香團到鄰近著名寺廟、風景名勝參拜遊覽；第三日則再回到祖廟，在道士的引領下，進香團上香向祖廟眾神辭行，並由祖廟香爐中取出象徵性「香火」攜回西甲，全團依循原路返回西甲，結束為期三日的進香請火之行；自二〇〇二年西甲恢復每隔三年祖廟進香請火行程以來，迄今已請火六次，每次均由陳水炎長老任團長領導進香團，儘管陳長老今年已九十六高壽，但依然神采奕奕、精神飽滿，深受信眾信賴。

第二節　戰火下的妥協：墓仔口隔海請火

請火儀式主要的目的就是要增加神明的靈力，故必須回到祖廟謁祖，一方面加強彼此的關係，一方面增進香火的靈氣；但由於烈嶼環境特殊，四面環海為一獨立小島，受限於交通因素，且一九四九年後國共對峙，基於軍事化的考量，兩岸處於阻絕之狀態。因此西甲每隔三年的「瑤頭請火」被迫中斷，只能在「墓仔口」出海口，隔海朝祖廟方向象徵位置請火。

「墓仔口」位於烈嶼西北處，約在湖井頭出海口，右側有一明代古墓因而得名。該古墓為烈嶼東林林氏祖墓，相傳林氏先祖在明代時當朝為官，一時權勢，故古墓規模宏偉。前方海域盛產「馬鮫魚」，是烈嶼地區重要的漁場，墓前以石塊砌成的廣場，是舊時島上著名的市集；墓仔口亦是島上重要的出入口。

讀請火疏文

西甲的墓仔口請火日為農曆正月十五，為確保空間的「潔淨」及儀式的「神聖性」，避免邪靈干擾，請火儀式之前農曆正月十三先行「放軍」，放軍儀式就有如人間社會中的軍隊閱兵、佈防一樣；首先於廟埕設置祭壇，供奉三牲及金帛等供品；廟埕四周佈置「頭旗」及「五方旗」代表廟中諸神，祭桌旁擺設三十六碗酒，祭祀「三十六」天將，角落置放「草料水」，指的是餵食牛馬牲畜用的草料及水桶，用來祭祀神兵神將所騎之神馬；祭桌上則供奉民間信仰中神兵神將的指揮官「中壇元帥」。

放兵儀式進行時，道士口唸咒語拜請道教諸神及境主等眾神下凡享用供品，頭家則配合道士的科儀，協助將酒倒入酒杯中，完成三獻酒。

酒行三次完畢後，道士再宣讀疏文，向上天稟明此次放兵的用意：「設醮放兵植福，召集五營軍將勅造符令安鎮五方、家戶上壯光，不許邪魔侵入境土，祈求境中男女平安事。」接著吹起法角，召集神兵，安置五營兵馬：

> 鳴角吹來第一聲，鬧紛紛開天門，軍兵出天門，神兵火集如律令。
>
> 鳴角吹來第二聲，開地戶，兵馬出地戶，神兵火集如律令。
>
> 鳴角吹來第三聲，人門開，兵馬走出來，神兵火集如律令。
>
> 鳴角吹來第四聲，塞鬼路，人路通，鬼路絕；人路長，鬼路短，人路長堪走馬。……
>
> 鳴角吹來震五方，五營兵馬來會防，五方五帝騎五馬，迎來下馬入我壇，神兵火集如律令。
>
> 五營仝樣人人頭戴盔、身披甲，手執長槍火炎旗，九夷鎮東營、八蠻軍鎮南宮、六戎軍鎮西營、五狄軍鎮北營、三秦軍鎮中營。

道士手執帝鑵角廣，依序腳踏自東方起至南方、西方、北方及中央五方位，再執法索每營打三下，口含花枝水向外噴之，配合道士功法，長老及聚落男丁手執王旗，由內往外逆時鐘方向揮舞王旗，象徵兵將自神明統領處佈防於聚落空間中，完成五營兵馬安置。同時火化金紙，犒賞五營天兵天將，稱為「犒軍」。

請火當日，西甲內各村莊信眾將各境廟神明請出安坐於神輦，集中會合於上帝公前廣場，當一切準備就緒，由專人「開鑼」，召集「眾家神明之衛隊」，一方面也宣告靈界諸靈，部隊開拔，邪靈莫入；請火儀式隊型依序為開路鑼、黑龍旗、「香火擔」、頭旗、五方旗、道士、大鼓吹、神輦、進香善信等，一行人浩浩蕩蕩，敲鑼打鼓，聲勢浩大的步行至指定地點，進行「請火」儀式。

到達預定地點，將香火擔置於預置香案上，神輦置於香案後方沙灘上，王旗則列於

墓仔口請火

香案前方；在西甲代表神明之頭旗，其所執著必須由「新婚頭」即當年新完婚者擔任，愈接近請火日結婚者愈有資格。

當一切佈置妥當，由道士施唸「淨筵咒」：

一洗天收氛穢、二洗地決妖塵、三洗人長生、四洗道場各俱清淨。

施咒完後手執「花枝水」灑向香案及所有的王旗、五方旗、神輦等以防止邪靈干擾，確保儀式的神聖。

為表誠心，長老率領輪值頭家及鄉眾跪於香案前，道士宣讀「疏文」恭迎包含境主在內之諸神明下凡「奉酒」及享用祭品，祈求代表神明靈力的聖火，能藉由儀式回到廟中接受居民奉祀，並庇佑境內各家戶家家平安；過程中，長老會將敬神用酒杯，加滿高粱酒，端送至前方「敬新婚頭」，一方面恭賀新婚，一方面提示責任的加重有如五十八度高粱一樣，入口(工作)辛苦，回味(家庭幸福)無窮。

宣讀疏文後，道士於香案前點燃木炭及香把，隨即將香插於各神輦前，眾人抬起神輦遶行香案三圈，取下代表神力的燃燒木炭置入香火擔爐內返回廟中香爐中，完成儀式。

第三節　合境平安：刈香、鎮符

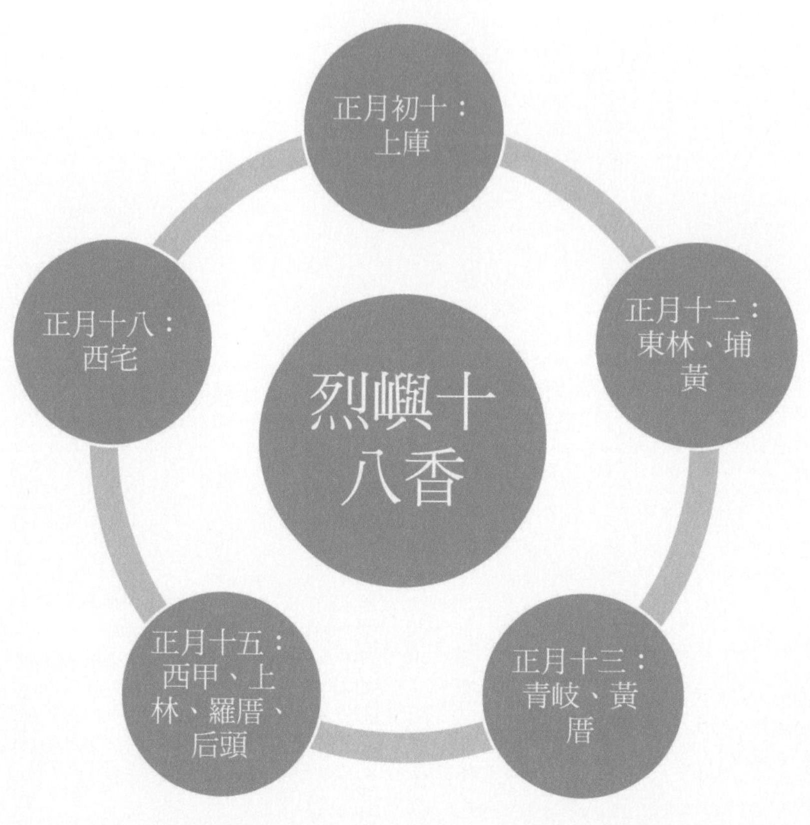

烈嶼十八香

一、刈香吃香案

「香」是神明靈力的象徵，信眾對神明焚香膜拜，許願或祈求；而神明藉由「香火」等象徵物回饋信眾；在烈嶼地區各聚落藉由「刈香」儀式的舉行，配合境主遶境巡安，達到「合境平安」的境界；各聚落舉行「刈香」儀式的日期，集中在每年農曆正月初十至十八之間，故在當地又有「十八香」之稱。

西甲的刈香於「請火」儀式後，於正月十五中午時分，甲內各村落神輦回到西方佛祖宮前廣場接受信徒上香敬獻，廟方準備祭桌供信徒擺放供品，祭桌的擺設是以「口灶」為單位，每一口灶各自擺上「香爐」、「薦盒」、「三牲」、「發粿」等供品，道士吹起牛角螺，口施召神咒，邀請境主玄天上帝等甲內各廟奉祀神明下凡入內，各信眾配合「初獻」、「二獻」、「三獻酒」將酒加入酒杯敬獻神明，稱為「吃香案」；頭家將「上帝公」符令壓於各家戶香爐下，交由各家戶攜回自家供奉，完成「刈香」；第一站以西方社的居民為主，隨後由香火擔領頭，甲內各神輦，代表各神明之「王旗」，五龍旗等刈香隊伍，依序前往「西吳」、「下田」、「上東坑」、「下東坑」、

西方宮前吃香案

「湖井頭」及「雙口」各社境廟吃香案。

西甲以「西方宮」為境廟，以西方宮的「上帝公」、「三府王爺」及「太子爺」神輦為主，遶境刈香甲內各村落，為歡迎境主蒞境，甲內村落神輦於村口迎接境主及其他陪同神輦。

當境主神輦及其王旗等刈香隊伍到達下一村口時，村莊的居民將頭旗由外向內順時鐘方向揮舞三次，其他信眾則配合「鳴金七落」，表示歡迎之意，另外一端上帝公神輦的刈香隊伍以同樣的動作作出回應答禮，一連循環三次後，上帝公之神輦隊伍才進入村莊境內。

在所在村落神輦及信眾的引導下，刈香隊伍來到村落境廟口，王旗及神輦列於香案前，信眾準備香爐、牲禮、果品、金帛等供品，然後道士請神召請神明下凡入內，頭家則將代表上帝公的符令壓在信眾的香爐下，接受信眾祭拜吃香案；完成三獻酒後，在村落神輦的引導下，上帝公的神輦沿村落外圍完成遶境儀式。

刈香是宮廟神明遶境巡安活動，簡單而言，就是境主上帝公，為庇佑甲內各家戶，從防範森嚴的宮廟出來，到甲內各村落，藉由「吃香案」及刈香、符令交換的儀式來達到巡安賜福，合家平安的目的。

二、鎮符：

在刈香吃香案同時一併舉行「鎮符」儀式，所謂鎮符，就是透過符令，界定聚落的領域空間，透過「有形」的儀式來區分「無形」的空間，區隔出「裡」、「外」之分，即裡是受境主保護，人所居住生存的空間，而外是要所存在的區域；此外，由於烈嶼地區聚落空間地

鎮符

域狹小，民居與聚落領域範圍界線相近，透過各村落鎮符路徑，來界定村落間的界線。

西甲所使用的符令以「竹符」和「令旗」為主，每年在請火儀式前，頭家事先將竹子剖面，裁切成適當長短，風乾後交由道士書寫符令及境廟神明，三十六天罡等。

完成製作後的符令，在請火儀式中，經由道士施唸咒語，召集兵將，將原初僅僅為物質性質實體的符令，轉化成為俱含神聖效力之象徵物的符令，最後再噴灑符水並打上手印，「敕」符完成。

西甲鎮符先從西方社開始，由代表神明力量的「香火擔」領頭，到達鎮符的位置，拔除舊有符令，再插上新的符令，配合道士嗚「牛角」，抽打「法索」，信眾由外而內揮動代表神明兵將的「五王旗」，象徵天兵天將駐紮於此，再焚香祝禱燃放鞭炮後，完成鎮符儀式。

第四節　排上元

農曆正月十五日，是西甲刈香請火的日子，也是民俗中的重要節日元宵節。在舊時農業社會，元宵節又被稱為「小過年」，傳統年節從正月初一，一直到十五元宵過後，才算過完年。當日西甲村民會提著燈籠，到佛祖宮向眾神明上香祈福，同時點亮燈籠，再向神明交換三柱香，提回家供奉於自家佛龕神案前。「燈」與「丁」同音，「點燈」喻意「添丁」，代表新的一年，家裡添丁，多子多孫好福氣，故也稱作「燈節」。

傳統民間信仰將宇宙分為「天朝、地府、水府」等「三元說」，《雲笈七籤》載：「夫混沌分後，有天、地、水三元之氣，後成人倫，長養萬物」，相傳元始天尊口中吐出三官，降生人間，三官是「堯帝」誕生於元月十五上元日，是為天官，掌管天界主賜福；「舜帝」誕生於七月十五日中元日，是為地官，掌管地界主解厄；「禹帝」誕生於十月十五下元日，是為水官，掌管水界主救苦，合稱「三界公」，或直接稱為「天公」。

西甲佛祖廟在正月十五日上元節，聘請道士作敬建醮，為神明賀節，稱為「排上元」。

一、儀式空間：

當日廟方信眾先將正殿神龕前淨空，傍晚時分「上帝公」、「三府王爺」及「三太子」神輦完成西甲刈香遶境儀式後返回佛祖宮，信眾將神輦抬進廟中，連同神明一起供奉，神輦前方再擺設祭桌，供奉蘇、邱、梁、秦、蔡五位王爺，與兩尊三府王爺，大道公、虎爺等廟中奉祀神明；左側供桌供奉來自「頂宮」的上帝公，廟前方拜亭擺上六乘六方陣碗，以酒水祭祀上帝公三十六官將。

正殿入口處擺設香案，為道士請神、頌經科儀的處所，兩側石凳為後場樂師的位置，一般而言，通常為一至二支「吹」即「嗩吶」、蕭、笛等吹管樂器，鼓、梆子、鑼、鈸等樂器，大約三至四人。

二、起鼓、發奏

大約在晚上六時許吉時，由主持醮儀的道士或樂師擊金鼓揭開序幕，為整個儀式的開始，隨即由道士「發奏」，向上天眾神明稟報設醮慶賀聖誕答謝植福。

三、請神：祝聖科

後場樂師演奏音樂，在緊密的鑼鼓和清揚的鎖吶聲中，道士配合以輕盈之身姿，開口唱步虛頌：「太極分高厚，輕青上屬天，人能修正道，身乃作真仙，行益三千歲，時登四萬年，丹臺開寶笈，金口永留傳」。

隨後道士以手勢令音樂停止，進行靈寶祝聖科儀，同時配合以「花枝水」淨壇後，跪於香案前，拜請「玉清元始天尊、上清靈寶天尊、太清道德天尊、昊天玉皇大帝……」天曹、地府、水府等各路神明，入內接受俸養。

輪值頭家跪於道士身後，道士宣讀疏文，將西甲內長老、信眾等，具名向眾神明稟報，祈求西甲內闔境平安。

接著，眾頭家列於道士身後，以「香」、「花」、「燈」、「菓」、「茶」、「水」、「經」、「布」、「寶」、「菜碗」、「飯」等「寶物」，配合科儀一一傳送，敬奉獻諸神明。

四、讀經：《太上老君說常清靜妙經》

《太上老君說常清靜妙經》，簡稱《清靜經》或《常清靜經》，太上老君，姓李名耳，字伯陽，一名重耳，生而白頭，故號老子，道家以老子為道祖，稱為道教至尊之神也；據《全國宗教資訊網》上載：「仙人葛仙翁（葛玄）」自言此經是由祂所書錄、流傳行世，不同資質的學習者雖然能夠獲得的效益不同，但至少能夠長生；「左玄真人」則以持誦此經作為所有修行的基礎，其中效益在於獲得十天善神的護衛；「正一真人（張道陵）」強調擁有此經的家庭能夠得到眾神護祐，而領悟經文道理且能持續誦經之人最終也能升天成仙。

故此道士藉由讀《太上老君說常清靜妙經》，祈求神明庇佑村民合家平安。

五、拜斗：讀《太上玄靈北斗本命延生真經》

民間相傳「南斗註生，北斗註死」，南斗、北斗星君掌世人生死福壽、富貴吉凶。故消災祈福、袪病、延生常向南北斗禮拜，文化部《全國宗教資訊網/北斗經》記載：太上老君授與張天師此真經讓世人誦念，以求罪消孽滅，增福延壽。

六、辭神

第五節　行過山禮：送王船儀式

烈嶼地處亞熱帶，高溫溼熱又衛生環境不佳，舊時鼠疫、瘧疾等疾病叢生，醫療技術落後，導致瘟疫橫行，往往造成群體感染而死亡；據烈嶼靈寶守貞壇陳銀樹道長持有之《請王科》科儀本上記載，主掌「瘟疫」的「瘟司大巡王爺」，掌管「五方行瘟使者」、「五瘟十二年王爺」、「五瘟使者」、「天溫、地瘟使者」、「社瘟、鬼瘟使者」、「神瘟、墓瘟使者、船瘟、灶瘟使者」、「痘溫、瘴瘟使者」、「喉瘟、沙瘟使者」等諸瘟神，代天巡狩，駕船巡航四海；當百姓行為不當違背天理時，「瘟神」使者便到人間散播瘟疫以懲罰民眾，因此先民們透過「祭瘟」、「送瘟」，造「王船」將瘟神送走。

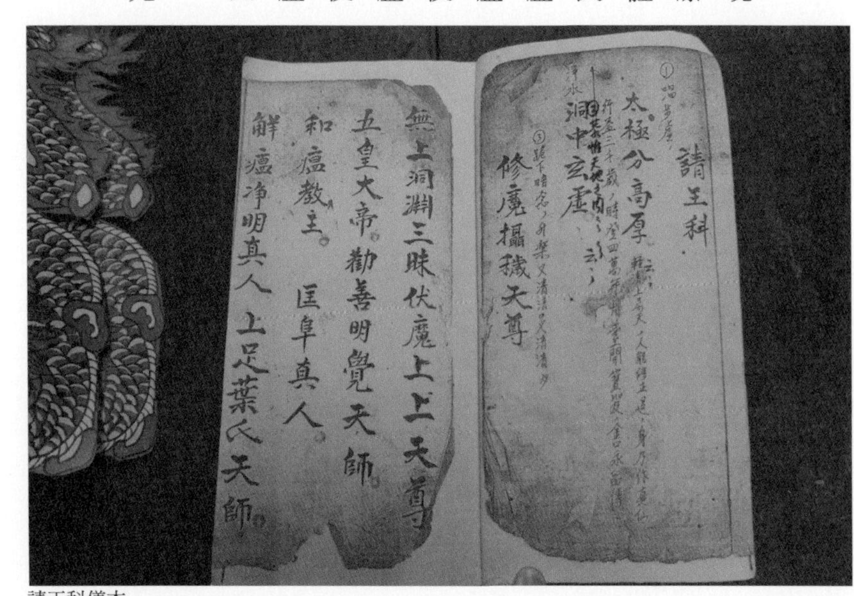

請王科儀本

另一種說法是相傳古代有三十六進士，奉皇帝之命與張天師鬥法，而不幸遭張天師引天雷擊斃，皇帝惜才又自責故封為「王爺」，敕封「代天巡狩」，「遊府吃府、遊縣吃縣」。有別於各村廟祭祀的「境主」神明，這類「代天巡狩」的王爺平時駕帆航行於四海，考察民情；為了鄉境平安，當代天巡狩的王爺巡視到「本社」時，「境主」透過「示諭」指示居民「作敬」建醮接待代天巡狩的「王爺」諸神，居民祭祀燒香敬獻，添「柴米」，並造「王船」，送王爺「遊天河」，以祈求代天巡狩的王爺帶走瘟疫驅除災難，居民四時無災、合境平安。

在烈嶼地區，造王船送王爺遊天河的的儀式由來已久，依據各村落祭祀的規模區分為，專為送王船而辦的「王醮」，或直接稱為「送王船」；另一類規模較小型的儀式，是先行「企廠」駐廠，設立「灶棚」，糊「班頭(煮飯)」、伙食官監造王船，於特定日期居民添載送船；再有的村落則是配合境主聖誕作敬，另造「王船」添載送「過路王爺」，稱為「燒過山香」。

其中又以西甲的王醮規模最大，每年於農曆十月十五舉行，一般皆稱為「送王船」、「送船」，延聘道士來主持包含「清醮」、「接神」、「請王」、「貢王」、「送王船」等醮儀，甲內信眾備供品、金帛拜拜叩謝神明，並準備「米」、「柴」為王爺添載。

一、王醮前準備工作

每次送王船儀式均需投入相當的人力來執行，因此在王醮前的中秋節即農曆八月十五日，西甲各村落依其規模大小分別派出「頭家」，經長老分配為：西方五人，西吳二人，下田一人，東坑四人，湖井頭二人，雙口三人，共十七人，當日於佛祖廟在神明的見證下，擲筊較多者為「大頭家」，負責本年王醮的執行代表。

大頭家首先決定聘請「師公」人選，然後交付甲內各「口灶」之長老及人口數統計表，供師公書寫「疏文」，同時交待「糊紙」，即儘速向糊紙司傳預訂「王船」、「王爺」、「旗牌官」等眾紙糊神明。

王醮前一日，大頭家指派眾頭家將完工後的紙糊神明，以紅布、報紙先行包覆，先暫置於西方「頂宮」北極玄天上帝廟，王船安放於佛祖廟拜亭，配合道士佈置醮壇、香案等。

二、祝壽值福：清醮

西甲的王醮大致分為兩階段，第一階段為「作清醮」，敬奉的對象以「天公」及佛祖廟內供奉的神明為主，在道士主持的科儀中，信眾誠心祝禱，祈求「合境平安」。

1. 起鼓、發奏。
2. 請天公。
3. 頌經第一部：《太上老君說常清靜經》。
4. 請敬神：《敬神科》。
5. 獻敬：《獻敬科》。
6. 頌經第二部：《太上玄靈北斗本命延生真經》。
7. 頌經第三部：《元始天尊說十一曜大消災神咒經十一曜》。
8. 送天公、鬧廳、辭神。

空間示意圖

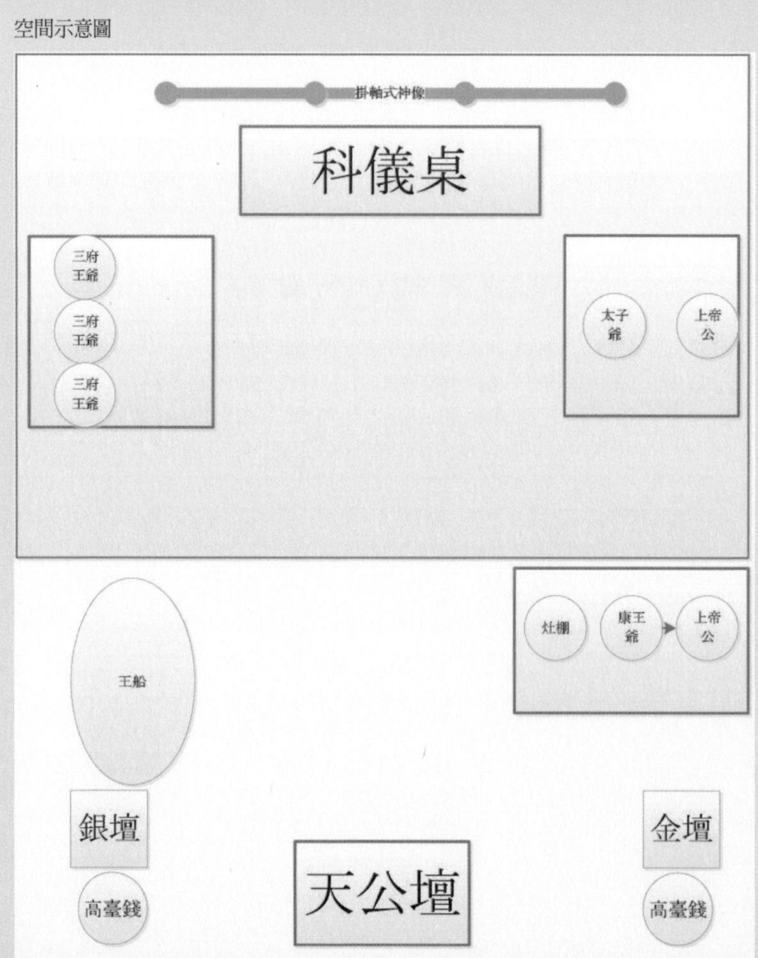

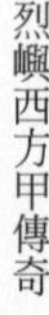

三、王醮：請王科儀

王醮的第二階段，則是「貢王」，拜祀的對象則是「境外」的王爺，由於西甲貢王的位階較高，為「千歲爺」，故隨行配置「旗牌官」及神兵、神馬等眾神明。

請王科儀是接於清醮「辭神」之後，在「開路金」及道士的領路，大頭家攜帶金帛，率眾頭家，來到西方頂宮玄天上帝廟；將暫置之紙糊神明紅紙及報紙拆除，安置於供桌上。

頭家上香向神明說明來意，道士作起「召神」科儀，眾頭家跪於香案前，由道士宣讀「疏文」向上天稟報並祈求平安，讀疏文畢化金帛。

眾頭家雙手捧起「王爺」及眾神將，道士以毛筆沾上硃砂，用鏡子引入陽光，象徵性為「王爺」及眾神將開光點眼，賦予神聖性，再請至西方宮殿內供奉。

四、王醮：貢王

貢王的對象以「代天巡狩」的王爺為主，故將王爺供奉在香案主位，王爺隨從旗牌官則立於兩側，神兵牽著神馬立於身旁，作為東道主的上帝公和三眼王爺(三府王爺)則供奉於祭桌兩側相陪，正殿兩側祭桌再供奉廟中其他神明。

頭家上香向王爺祝禱說明來意，後場樂師奏樂，樂聲中道士以輕盈身法，開口唱步虛頌，再以花枝水淨化道場後，跪於香案前作「請神科儀」，召請「修魔攝穢天尊」在內各路神明下凡入道場，接受信眾祭祀稱為「貢王」，此外民間信仰相信不同地支年各有其輪值瘟神王爺，分別記錄如下：

子年周府王爺、丑年趙府王爺、寅年魏府王爺、卯年鄭府王爺、辰年楚府王爺、己年吳府王爺、午年秦府王爺、未年宋府王爺、申年齊府王爺、酉年魯府王爺、戌年越府王爺、亥年劉府王爺。

貢王後，眾頭家列跪於道士身後，道士讀疏文，將本次輪值頭家姓名及甲內信眾向神明稟報，祈求合境平安。

「……兩干之恢宏，沐九重之寬大，茲因歲逢大比，罔則天災遍佈，疫氣流行，伏遇：瘟司王爺鎖鑰南邦，號令遍聞於率土，駕帆乎碧海，推恩停及於鄉閭，欲求鄉中男女平安之福。

涓卜今月十五日，仗道就宮，虔備金帛，叩答：代瘟司王爺，送仙洲歸島外，迎福慶入鄉中，恩敷五福，澤衍三多，允矣，老少之咸安，康哉，物畜之藩衍，寒暑無災，八節有慶，諸事

王爺開光

送王船

如意，全望瘟司王爺庇佑。」

五、送王

貢王儀式完後，眾頭家稍作休息，而由大頭家指派人員留守看守供品；翌日十月十六日，在清晨五時左右，由大頭家代表向王爺上香請示，獲「聖筊」授意下，「起錨」、「升帆」開航，大頭家恭請王爺領頭，隨後眾頭家奉請其他神明，其餘信眾則協助搬抬王船，眾人協力出發至西方村郊舊時「上帝公河」旁。

王船及眾神明抵達定位後，將千歲爺及眾神明安奉於王船上，甲內信眾所敬獻的金帛、柴、米等，一同放置於王船兩側，並淋上花生油；當一切準備就緒後，點火送王船，在金帛的助燃下，王船轉化成熊熊烈火，揚帆啟程遊天河。

在化王船的過程中，眾人信守不可呼叫「人名」的禁忌，以防被瘟神帶走，同時保持「靜默」，小聲交談，避免王爺誤以為信眾要求回駕。

第三章

宮廟建築之美：林天助廟宇彩繪

第一節　烈嶼宮廟壁畫

烈嶼是由移民所組成的社會，數百年來歷經繁衍，形成現在聚落規模；來自中原移民所形成的烈嶼聚落，同時亦傳承其風俗文化，具體呈現漢民族敬天畏地的神靈信仰觀念，並且移民原鄉神明信仰，廣建宮廟奉祀，奉廟中之主祀神為「境主」，成為村落的守護神。

宮廟作為聚落的信仰中心，同時亦是聚落居民集會、議事及休閒活動的場所，因此烈嶼的宮廟無論是建築的型式、外觀及藝術，均較傳統民居來得考究；興建宮廟奉祀神明除了表達聚落居民對於神明的敬意之外，一間建築得美輪美奐的宮廟，更是彰顯各聚落實力與島上社會地位的展現；舊時烈嶼地區就流傳著：「湖下宮、青岐祖厝、東林佛龕」，意即湖下關帝廟有寬敞的廟埕，青岐洪氏家廟因人丁興旺以建築宏偉著稱，而東林靈忠廟神龕為林官喜所製作，上雕有二十四孝圖樣，由於雕工精巧，美輪美奐，為當時烈嶼著名的宮廟之一。

由於興建宮廟所費不貲，在烈嶼地區，宮廟的興建或重建的經費主要來源有三：一是依聚落內的人口或男丁來分攤，分別又稱收「人口錢」及「丁口錢」，通常金額是採「人數」平均，有時再區分「長老」、「成丁」及「幼丁」各收取不同金額；其二是由神明信眾自發性的捐款，來源則不限制聚落內的居民，包括其他聚落的信眾；第三則是聚落中「嫁出去的女兒」及其夫婿，在傳統宗族社會，出嫁的女兒，往往視為「外人」，但為感念神明庇佑，對於宮廟的興建同樣會盡一分心力，一般而言女兒、女婿的捐款是採「定額制」，即廟方會先行訂定「一定金額」，且有別於聚落居民的人口或丁口是以「強制性」的收取，女兒款項則是採「自由」捐款方式式收取，如西宅忠仁廟壁畫所述：「樂捐瓷畫答神恩，誠敬馨香蒙帝佑」。

烈嶼宮廟壁畫傳統源由

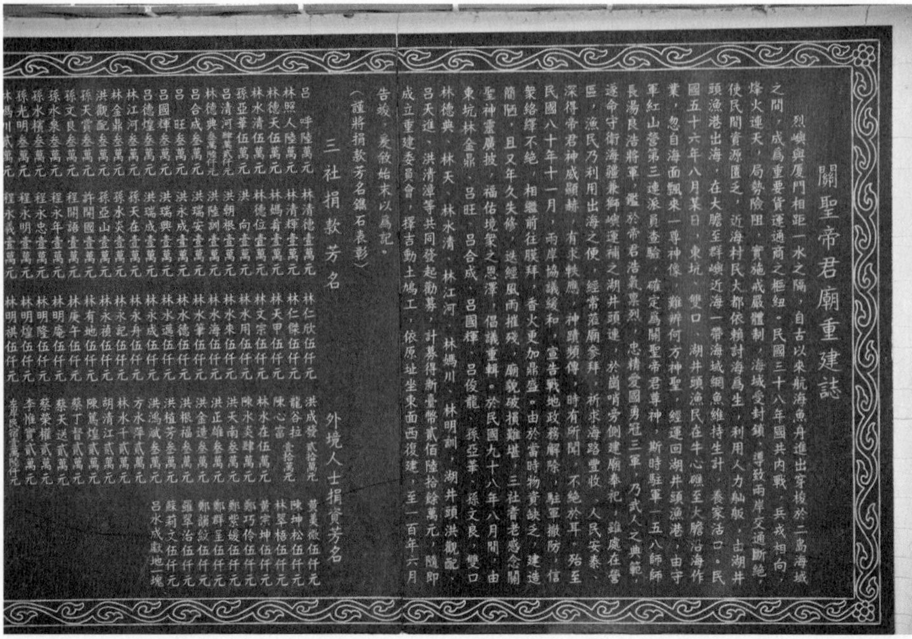

捐助宮廟興建

前言所述聚落居民分攤金額及信眾捐款金額，一般而言，廟方會於廟宇完工後，直接書寫於廟中樑枋上，有些規模較大的廟宇則以石碑或木牌紀錄，以昭公信；而女兒的捐款則是在廟正殿兩側牆面上，繪畫並書寫上捐款者姓名，繪畫主題以神話人物、花草圖案及傳統忠孝節義的故事為主，又稱為「女兒圖」。

烈嶼的宮廟壁畫傳統，相傳源自於大陸泉州、同安一帶，在一九三〇至一九四〇年代，人稱「看師」的泉州師父，經常受聘來烈嶼為廟宇作畫；但請大陸畫師跨海作畫所費不貲，因此規模較小的宮廟則由「師公」充任，當時較為著名的如西宅林碰龍，林君為烈嶼地區執業之道士，也兼作布袋戲及傀儡戲的演出，由於受過教育讀過私塾，閒暇時也指導東林、西宅一帶幼童讀書、識字。

一九四九年後國軍退守烈嶼，拆除宮廟門板、石鼓等充作防禦工事，而兩岸軍事對抗，烈嶼宮廟大多毀於炮火下，一九六〇年代以後，基於信仰需求，烈嶼各聚落又陸續興建宮廟，由於兩岸分治阻隔往來，因此烈嶼宮廟壁畫轉由本地人繪製，其中又以林松杞

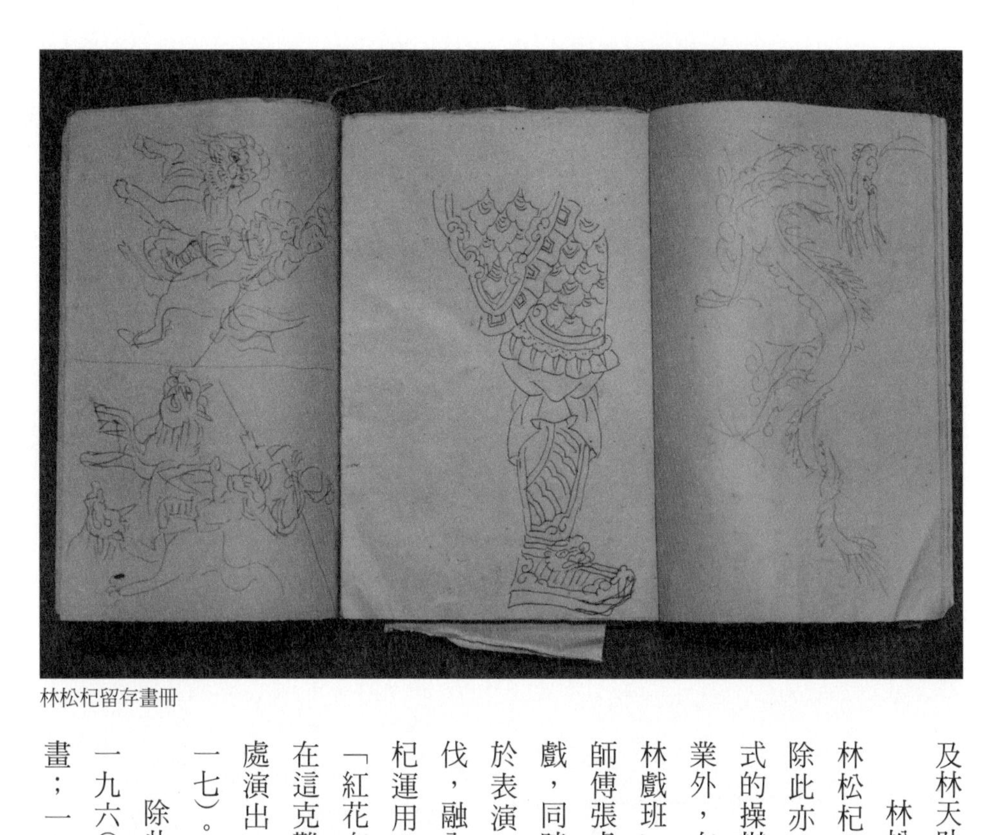
林松杞留存畫冊

及林天助最負盛名。

林松杞，烈嶼西宅人，父親林扶桑，生有四子，林松杞排行第二，林家祖傳「師公」即道士為業，除此亦兼作「擇日」、「糊紙」等民間信仰道教儀式的操辦；林松杞多才多藝，除了從事祖傳道士的家業外，在一九二〇年代，鄰近東林村許文舉籌組「東林戲班」演出歌仔戲，由來自福建泉州石井人布袋戲師傅張虎西，又名「好師」，將布袋戲劇本改成歌仔戲，同時邀請林松杞教授團員「腳步走路」，林君善於表演，配合劇本的發展，結合道士科儀的身形步伐，融入歌仔戲的劇情中；同時為了演出需要，林松杞運用其「糊紙」的手藝，並取其新婚妻子的嫁妝「紅花布」，再搭配糊紙的素材製作戲服、道具；就在這克難的環境下，東林戲班逐漸打出名號，受邀到處演出，聲名遠播，林松杞功不可沒（林志斌，二〇一七）。

除此林松杞亦擅長繪畫，尤其偏愛花草圖案，在一九六〇年代以前，烈嶼許多聚落皆聘請他為宮廟作畫；一九六〇年代後期，林松杞應汶萊國騰雲殿邀

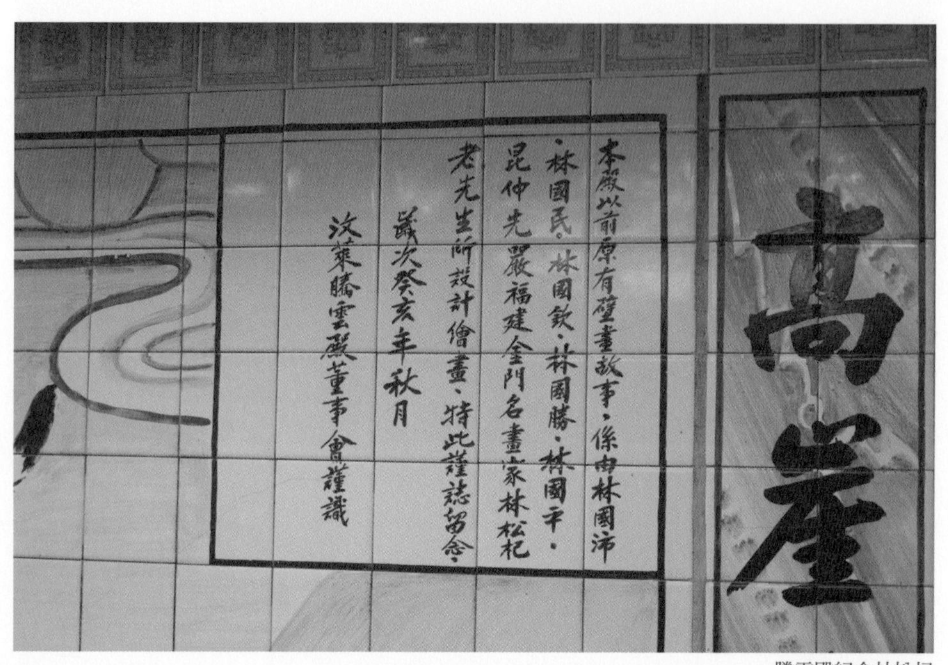

騰雲殿紀念林松杞

請，南渡為騰雲殿作畫，由於畫工精湛，深受當地信眾喜愛。

可惜的是烈嶼在幾次戰禍中，不少廟宇遭砲火毀損，躲過戰火摧毀的，亦逃不過歲月的摧殘，現今已無林松杞的作品留下，唯有汶萊國的騰雲殿，在一九八二年的整修中，特別在「虎邊」天井的壁畫上，紀錄著：「本殿以前原有壁畫故事，係由林國沛、林國民、林國勝、林國平昆仲先嚴福建金門名畫家林松杞老先生所設計繪畫，特此謹誌留念。」以紀念這段修建過程。

第二節　本土彩繪大師：「天助師」小傳

一九七〇年代後期，烈嶼宮廟繪畫以林天助最具代表，鄉民尊稱為「天助師」。

林天助（一九一四－一九九九），字號輔臣，烈嶼中墩人，林天助自小就聰穎過人，一九二〇－一九三〇年代，有一名曰「旦仔」的烈嶼青歧人，在東坑開設學堂以教授島上學童，林天助幼年時曾入私塾讀書，但據聞林天助非常聰明，讀書過目不忘，對於老師所授內容能舉一反三，在課堂上往往將老師「考倒」，故未多久便休學在家，以自學方式讀書。

烈嶼四面環海，出入往來各地均仰賴船運交通，在一九二〇年代，林天助的父親林遣有一艘帆船，專門載運石蚵乾、食米、魚貨、什貨等民生物品，主要往來於烈嶼、大陸石馬間，故又稱為「石馬船」，林天助青年時期跟隨父親跑船，協助物品搬運及商品買賣；由於林天助熟讀詩書，在一九三〇年代被指派擔任烈嶼地區首任「保長」，一九四九年任烈嶼地

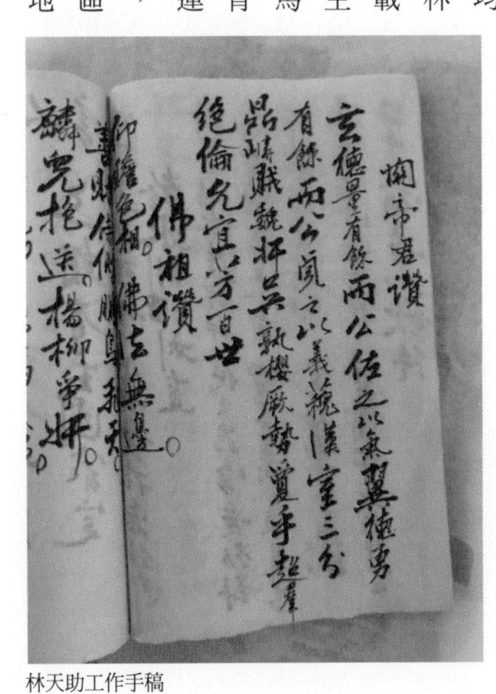
關帝君讚

佛祖讚

林天助工作手稿

區官派「鄉長」，一九五〇年遷至西方村，並與李金滿女士結為連理，育有三男六女。

林天助自小就展現非常高的藝術天份，閒暇之餘勤練毛筆，寫得一手好字；此外青年時期跟隨父親的跑船經歷，讓林天助得以見識到泉州、同安一帶的宮廟壁畫，極具藝術細胞的他，在空閒時將高粱桿以火燻黑充作畫筆，在牆上或地面上臨摹神像、人物的畫法；二十二歲那年，在一班朋友的鼓吹下，林天助首次在上林「將軍廟」牆面上作畫；一九五〇年代後期，林天助的家鄉中墩真武廟整修，身為中墩人，自然出錢出力，因此真武廟的壁畫由林天助負責繪製，完工後的真武廟，其壁畫人物栩栩如生，他的藝術天份很快地便傳遍烈嶼島上，其他聚落宮廟接連來邀請，也開展了林天助宮廟壁畫繪製工作。

第三節　林天助的藝術創作

林天助並未受過正規的「美術」訓練，幼年時的私塾教育及自學古詩書，青年時期的行船生活，再加上個人的藝術天份，具體展現在雕塑、書法及繪畫上。

一、繪畫：

林天助的繪畫創作主要以宮廟及民居建築繪畫為主，其中又以宮廟兩側牆面上的「連環壁畫」最具特色。

在一九七〇年代以前，烈嶼的宮廟建築主要是以紅土壓模製磚再砌為牆，外層以白灰、紅土、蚵殼灰、紙巾混合後，以鋤頭反覆捶打

東林佛祖廟壁畫

增加黏度，再均勻塗抹於牆面上，乾後的牆面呈現灰白色，所以又稱為「紙巾壁」。

林天助接獲工作時，先根據廟方所祀神明選定合適的繪圖主題，主要是以「三國演義」、「孫龐演義」等民間章回小說為主；再丈量牆面尺寸後，規劃章節數目，然後以「木尺」作基準支撐手腕，用毛筆懸空規劃出繪圖格子，避免木尺沾染墨汁而沾污牆面。

林天助連環壁畫的題材參照傳統小說的章回目錄，但小說目錄與現場「格子」數不相符，加上林天助的繪畫極為隨性，不拘泥於書中內容，幼年時的國學基礎與跑船經歷，讓他的創造更活潑；因此林天助在前一晚，先構思隔日繪畫工作章回內容，翌日到現場再以鉛筆簡單將人物定

東林佛祖廟壁畫

位，然後以毛筆沾墨作畫於牆面上，由於石灰極具吸水性，故繪畫時必須一氣呵成，不容塗改，也由於石灰牆面的空隙較大，墨汁畫在牆面上，很快的渲染開來，有如中國書畫的「水墨畫」，完工的牆面，內容豐富生動，極具藝術價值，目前烈嶼地區東林的「佛祖廟」（一九六八完工）及前埔的「保障宮」（一九六九年完工），其石灰牆面的黑白壁畫，即為林天助早期僅存的作品。

戰地政務時期，烈嶼駐紮大量軍隊，產生龐大的消費人口，改變了原本農漁為主的生產型態，為島上居民帶來豐厚的經濟收入；同時期，為躲避戰亂而遠渡南洋的僑民，經過海外數年的奮鬥，事業有成，在一九五八年八二三砲戰之後，紛紛返鄉探親，並捐款修建家鄉廟宇；早期烈嶼宮廟的屋頂為木結構，其樑柱材料均來自於大陸，兩岸阻隔後，無法再取得建築所需的木料，且烈嶼地處亞熱帶，高溫潮溼的氣候，使得木料結構因白蟻而損壞；同時建築工法也更成熟，因此「不見木」取代了傳統木料結構。

所謂「不見木」是以水泥鋼筋現代建材取代傳統木料架構，承重牆也以「紅磚」或水泥磚取代紅土，精緻的水泥牆面取代石灰牆面；但是宮廟水泥牆面，水泥密度較高，水份及繪畫原料不易滲入，增加繪畫施工的難度，同時水泥的不吸水特性，在高溫潮溼的海島地區，容易積水形成水漬，影響壁畫的美觀。

有鑑於此，一九八〇年林天助承作后頭麟護宮壁畫繪製工程時，採用手繪磁磚畫工法；首先會先丈量繪畫牆面的長寬大小，林天助選用現成大約是四吋見方的白底磁磚，確定繪畫的主題後，依其牆面大小計算每「堵」畫所需磁磚數量如3*3、3*4或4*5等組合，平舖排列，再以顏料繪製在磁磚上，經高溫烘烤後，最後再請泥水工人將燒製完成的磁磚，依其編號依序貼在牆面上；完工後的壁畫，人物表情豐富，連環故事情節生動，色彩鮮艷又不易受損，深受烈嶼居民的讚揚，形容天助師的畫是「活」的，紛紛邀請他前去，目前在烈嶼地區保存相當數量的天助師宮廟彩繪，經整理如下表：

聚落	廟名	主祀神明	壁畫主題	製作年
東林	佛祖廟	南海佛祖	孫龐演義	1968
西宅	忠仁廟	關聖帝君	三國演義	1996
西路	忠義廟	關聖帝君	三國演義	1996
湖下	忠義廟	關聖帝君	三國演義	1991
后頭	麒護宮	天上聖母	三國演義	1980
埔頭	吳府將軍	吳府將軍	封神演義	1997
庵頂	天師宮	張天師	封神演義	1984
西方	北極玄天上帝廟	玄天上帝	三國演義	1990
西方	釋迦佛祖玄天上帝廟	釋迦佛祖 玄天上帝	薛丁山征西	1985
下田	真武廟	玄天上帝	薛丁山征西	1986

聚落	廟名	主祀神明	壁畫主題	製作年
西吳	田帥廟	田府元帥	薛丁山征西	1990
雙口	拱福宮	朱王爺	岳飛傳	1994
湖井頭	仙祖宮李府將軍廟	祖師公 李將軍	薛丁山征西	1984
青岐	關聖廟	關聖帝君	三國演義	1992
青岐	天師宮	張天師	三國演義	1985
青岐	先祖宮	李仙祖	五虎平西	1984
中墩	真武廟	玄天上帝	薛丁山征西	1990
前埔	保障宮	玄天上帝	薛仁貴征東	1969
上林	李將軍廟	李府將軍	岳飛傳	1981
后井	劉府王公廟	劉府王公	三國演義	1988

汶萊騰雲殿壁畫

東林林氏民居

一九八二年底林天助應汶萊僑領林德甫之邀，偕同夫人遠赴汶萊騰雲殿作畫；由於騰雲殿為一雙進式建築，佔地廣大，所需繪製的牆面眾多，故費時八個多月，於一九八三年秋月完工，是林天助的作品中保存最多的場所。

除了宮廟壁畫以外，烈嶼居民也邀請天助師為其新居彩繪，彩繪主題以「福、祿、壽」吉祥主題為主。

二、書法：

林天助的書法主要是搭配宮廟的楹聯及壁畫作輔助說明，他的書法筆勢飛動，靈活舒展並不拘泥於固定字體，創作時天馬行空，往往配合壁畫主題而有所變化，其字體介於行書、楷書與草書之間。

天助師的書法作品主要以「商業」為主，在他經手彩繪的宮廟中，留有相當數量的作品；除此，在七〇—八〇年代，不少烈嶼商家邀請天助師為其書寫招牌，如位於東林的「華南汽水廠」商標、東林街之「新裕豐商行」、東林菜市場之「聯裕」什貨店；甚至軍方也慕名而來，請天助師為部隊提字，天助師從善如流，為請託者以毛筆在「報紙」上書寫，由請託者取回再託人描上。

三、雕塑：

林天助無師自通，特別喜歡廟中神像，閒暇時用黏土自行雕塑神像造型，唯妙唯肖，現位於西方村口的「北風王」與「白雞」，就是林天助在中年的作品。尤其是高達九尺的北風爺，頭載將軍帽，黑面，手持九節神鞭，威風凜凜矗立在村口，日夜守護著村民。

東林的華南汽水廠

西吳蔡氏民居

天助師雕塑西方北風王（林德明提供）

第四節 西方佛祖廟的壁畫

西方宮壁畫

佛祖廟的壁畫依其位置而有不同的主題，大致區分為吉祥圖案、小說連環壁畫及配合主祀神明的三十六官將、十八羅漢等。

一、十八羅漢：

西方宮主祀「西方佛祖」，相傳佛祖囑咐他的十六位弟子，不入涅槃，常住世間弘揚佛法，受世人的供養而為眾生作福田，佛經稱為「十六羅漢」；民間信仰中又加入降龍羅漢（迦葉尊者）和伏虎羅漢（彌勒尊者）而成為「十八羅漢」。

西方宮十八羅漢壁畫左右各九幅，以「井」字型分別繪於神龕兩側，左側(龍邊)分別為布袋羅漢、長眉羅漢、開心羅漢、挖耳羅漢、舉鉢羅漢、看門羅漢、騎象羅漢、靜坐羅漢及降龍羅漢；右側（虎邊）為笑獅羅漢、芭蕉羅漢、過江羅漢、喜慶羅漢、托塔羅漢、探手羅漢、伏虎羅漢、沉思羅漢及坐鹿羅漢；天助師依據每尊羅漢的功能、神通或手持法器，賦予不同的造型，有的神態威武，有的笑容可掬，或坐、或立、或臥，造型豐富，同時再輔以文字說明，使信徒更能清楚明瞭每尊羅漢的功能。

挖耳羅漢

以挖耳羅漢為例，佛經稱為「那迦犀那尊者」，相傳這位尊者住在古印度半度坡山上，是一位論師，且以論「耳根清淨」而聞名；所謂耳根，是由於醒覺而生認識，是人類認識世界的六種根源之一，佛教中強調除不聽各種淫邪聲音以外，更不可聽別人的秘密，因他論「耳根」最到家，故取挖耳之形，以示耳根清淨，故稱「挖耳羅漢」。

西方宮「挖耳羅漢」壁畫，羅漢雙腳赤足，一腿盤起袒胸露肚，怡然自得地坐臥在石塊上，眯起左眼，歪斜雙唇，以左手搯耳，悠閒自在的陶醉在挖耳的樂趣中，一旁書有：「閑逸自得，怡神通竅，橫生妙趣，意味盎然」文字說明，信徒觀此羅漢，不免發自會心一笑，體驗與其終日躲在所謂的「廟堂」裏不理世事的「圖清靜」，倒不如在繁雜的俗事中泰然處之的「修清淨」的佛法意境中。

西吳蔡氏民居馬明王壁畫

二、三十六天將：

三十六天將又稱三十六天罡，民間信仰認為每個天罡星各有一神，由上帝公統領降妖伏魔，此三十六天將多為後天神聖，或為天神化身，或屬於忠孝義烈，或為有功德於世之神靈，皆承天命拜為將帥者，三十六天將男女都有，每位神將造型各異，各有神通、神器，也各自有代表坐騎。

西方宮的三十六天將壁畫繪製於正殿壁堵上方，分別為：趙元帥騎犬、岳元帥騎馬、馬明王（三頭六臂造型）騎麒麟、溫元帥騎羊、文拿子騎麒麟、二郎神騎犬、三太子騎麒麟、連聖者騎獅、打鬼大將騎獅、馬元帥騎鹿、康元帥騎犬、鄧天君（人面鳥嘴造型）騎蝙蝠、聞太師騎麒麟、劉聖者騎獅、勤仙姑騎鶴、田元帥騎鹿、薛元帥騎羊、李仙姑騎鳳凰、謝元帥騎馬、何仙姑騎鳳凰、龍樹王騎龍、蕭聖者（纏蛇首造型）騎蟾蜍、周天君騎獨角獸、吞鬼大將（做吃鬼狀）騎貓、高元帥麒麟、移山大將騎神獸、虎伽羅騎犬、張聖者騎羊、康舍人騎象、馬明官（三頭六臂造型）騎雞、倒海大將騎鹿、紀仙姑騎孔雀、馬伽羅騎馬、火龍官騎豹、江仙官騎兔、黃仙官騎犬。

每位天將造型各異，神態表情生動，體態、服裝、兵器各具特色坐騎包含馬、犬、羊、鹿、獅、麒麟、鳳凰等神獸，天助師運用其豐富的想像力，天馬行空自行創造，如「馬明王」為「馬頭娘」的化身，據《教育部重編國語辭典修訂本》（網路版）對於馬明王的解釋為：「神話傳說中的蠶神，相傳為一披著馬皮的少女幻化而成，民間宮廟中有其塑像，供人祈求蠶桑平安……也稱為馬明菩薩」。天助師筆下的「馬明王」，化身為「三頭六臂」，其中有一頭為戴金冠、三眼、鳥嘴、獠牙造型，六臂分別執法輪、降魔寶劍、令旗、官印、法角、法鈴等神器，身跨龍首、犬身，且四肢分別為鷹、獅、牛、馬四種動物所化身之神獸；神態兇猛，妖魔聞之喪膽。

三、連環壁畫：薛丁山征西

《薛丁山征西》故事的背景描述在唐貞觀年間，薛仁貴征東有功，被封為平遼王，因與皇叔李道宗結怨，被陷下獄，幸於危急之際，西涼哈迷國犯境，徐茂公立刻推薦仁貴掛帥征戰，逃過此劫，薛仁貴征西，誤中圈套，被困鎖陽城，為蘇寶同飛刀所傷；薛丁山受其師王敖老祖的指示回鄉認親，並領數萬精兵前去援救其父的唐軍，途中遇竇家兄妹攔路，丁山為求脫身，娶了竇仙童並招攬旗下。

征途中再遇樊梨花路阻寒江關，而後與樊梨花三度姻緣圓滿；一路上過關斬將，故事中穿插薛丁山與竇仙童、陳金定、樊梨花之間的愛恨情仇及反覆姻緣；故事情節緊湊，劇情跌宕起伏，扣人心弦，是民間膾炙人口的章回小說，深受普羅大眾的喜愛。

西方宮正殿內壁以八十八格連環圖式壁畫，將薛丁山征西過程清楚呈現，天助師由「薛丁山奉命下山」開始敘述，薛丁山率領秦漢、秦夢、竇仙童、陳金定、薛金蓮、竇一虎、薛應龍、羅章、尉遲青山等唐將，與西涼國蘇寶同、鐵板道人、飛鈸禪師等反派大將鬥智、鬥力、鬥兵、鬥陣也鬥法，最後在王禪老祖、王敖老祖、軒轅老祖、謝應登、孫臏和八仙、梨山老母、金刀聖母、桃花聖母等道教神靈幫助下，大破西涼，榮歸故里；天助師畫工精湛，圖畫人物表情生動，劇情場景豐富，服裝、道具均寫實傳真，圖側再輔以文字說明故事情節，以第五格「薛丁山山寨招親」為例，故事敘述薛丁山征西途中，不敵竇仙童失手被縛，幸而程咬金設計山寨招親，薛丁山受迫娶竇仙童為妻，天助帥將薛丁山的無奈，竇仙童雖紅巾遮面，但透過身旁山寨嘍囉喜形於色的表情，可以想像新娘的喜悅，而一旁則是老謀深算的程咬金一臉得意狀，及其他故事人物的表情，細緻的描繪出來，讓人看了，不禁發出會心一笑；整體而言，精彩絕倫，使人目不暇給，將信徒帶入《薛丁山征西》的情境中。

第四章

祀神祭祖：西甲的歲時節慶

第一節　傍神作福：以祭祀為主的飲食文化

烈嶼山多田少土地貧脊，雨水量又不充足，故農作以高粱、小麥、玉米、地瓜、花生等耐旱性作物為主；清《金門志》記載：「島地斥鹵而瘠，田不足於耕．近山者多耕，近海者耕而兼漁．水田稀少，所耕皆磽确山園，栽種雜糧、番薯、落花生豆，且常苦旱歉登．又無陂塘可以灌注，但於隴頭鑿井立石為桔槔以灌之．務農者，最勞力習苦。」

在如此艱困的環境下，具體反應在居民的飲食上，所謂「靠山吃山，靠海吃海」，四面環海的烈嶼，其豐富的海洋資源就成了烈嶼先民取得食物的最佳來源；但多變的自然環境，收成完全依賴「老天」，整體而言，食物仍相當匱乏，先民生活相當清苦。

烈嶼是由移民所組成的社會，同時亦傳承漢民族敬天畏地神靈信仰的觀念，鬼神崇拜及祖先祭祀等

祭祀供品

信仰文化，所謂：「國之大事、唯祀與戎。」先民生活即使再困苦，也要將最好、最豐盛的食物敬奉神明及祖先，一方面感謝神明庇佑，一方面也緬懷祖先的恩德，供品祭祀完後才能食用，因此發展出「祭祀飲食文化」，即所謂「傍神作福」。

在民間流傳著一個故事，相傳舊時生活非常困苦，常常有一餐沒一頓的，有位先民就因飢寒交迫而想走上絕路，當時正是歲末寒冬之際，再過數日便到過年了，他就想等除夕、新年拜拜完後，有供品可吃，吃完再「上路」；過完年後想想正月初九拜天公，拜完天公，上元又快到了，緊接著又陸續二月土地公生、四月初八炒米粉、五月五月節、六月吃半年圓、七月半中元普渡、八月中秋吃月餅、九月九重陽節、十月十五下元拜天公，還有初一、十五拜門口、初二、十六拜土地……，一年到頭，有拜不完的節日，都可傍神作福享受美食，原來生活中有這麼多有趣的節日，就想開了；這個故事雖然有趣，但也透露出生活的無奈。

一、西甲居民歲時節慶：

● 正月初一

為一年的開始，稱為「新年」、「春節」，清晨先以「菜碗」祭拜祖先。

正月初四接神日與十二月二十四日送神日

在烈嶼地區傳統民家居所奉祀的「灶王爺」，相傳為玉皇上帝的三太子，因為好色言行舉止不端，所以被玉帝罰到人間的廚房灶內，終日與婦女相處，留在人間做為監察人間言行善惡的灶神；而於每年農曆的十二月二十四日，返回天庭向玉皇上帝稟報人間善惡，以定來年人們的吉凶禍福。

因此當日要準備供品祭拜灶神及其他神明，讓祂返回天庭時不會說太多人們的壞話，且為了讓灶神上天庭可以佔個好位子，民間傳說「送神早，接神晚」。送神後，村民利用神明不在的空檔，「掃塵」打掃廳堂佛龕，隔日上香迎接替代神明下凡；在隔年正月初四「接神日」，居民準備牲禮及金帛，焚香迎接神明回祀以庇佑闔家平安。

● 正月初九天公生

農曆正月初九日是天公生日，俗稱「天公生」，傳說天公是至高無上的神，所以民間習俗在祭拜天公生時，要非常慎重，俗諺說：「天上天公，地下母舅公。」便道出其神格的高貴。

拜天公的地點在廳堂燈樑天公爐下，通常移動廳堂的八仙桌當做供桌，供桌朝外前方再繫上吉祥圖案的桌圍，桌上中央擺上香爐及薦盒，爐之兩旁備好燭檯。

供品極為豐盛，包括清茶及酒各三杯、五牲、十二碗菜碗、「九豬十六羊」之龜粿、發粿及糖塔、糖盞等。獻給天公的金帛主要是天公金，包括頂極金、太極金、天金、壽金等；有時供品、金帛太多，需另以長板凳或加一小桌置放；早期拜天公的時間大約在初九清晨，現今社會則大都於午夜過後開始祭拜。

● 正月十五

是西甲「刈香」的日子，當天早上西甲各村將神輦移至西方佛祖宮會合，集合前往「墓仔口」請火，再依序往西方、西吳、下田、上東坑、下東坑、雙口等各村落遶境吃香案，居民配合準備「三牲」、「菜碗」等祭祀各村神明。

正月十五也是「上元節」，又有「小過年」之稱，農業社會將今天視為春節的最後一天，因此佛祖廟配合神明刈香，在傍晚時分結束遶境儀式後，延聘道士舉辦「排上元」儀式為神明祝壽。

● 二月初二土地公生

又稱「頭牙」，居民準備牲禮祭拜，若當年是「閏年」，又稱為「大潮年」，所謂「三年一閏、好壞照輪」，因此烈嶼民間有包「菜粿」祭祀的習俗；菜粿是以「番薯粉」和水作成外皮，再以高麗菜、蒜、芹菜及「牲禮肉」作為內餡，祭祀後要拿出一個丟出屋外餵狗，居民們相信，大潮年的厄運會隨菜粿餵狗而消失。

● 三月初三上帝公生

西方頂宮北極玄天上帝廟、下田真武廟，當日作敬建醮為神明祝壽，居民則準備牲禮、菜碗、金帛至廟裡拜拜，感謝並祈求神明庇佑。

● 清明祭祖

清明節在冬至過後的一百零六日，也是「春分」後的第十五日，這時候萬物潔淨，空氣清新，風景明麗，花卉草木在這樣的環境中呈現出欣欣向榮的景象，所以叫做「清明」，大概是陽曆四月四日或五日左右，是二十四節氣之一，也是傳統節日。

當日居民要祭拜祖先及掃墓，西吳及下田的蔡氏家廟，東坑的呂氏及六姓家廟，雙口的林氏家廟，其他各姓氏後裔也要準備「菜碗」至祠堂祭祀遠祖。

● 四月十一，東坑清雲祖師廟「糊王船燒過山禮」，居民添柴米，準備牲禮祭祀。

● 五月初五端午節

又稱為「五月節」，包粽子，吃粽子，又有「粽子節」之稱。

● 六月初一西吳田府元帥聖誕

六月初一為田府元帥聖誕，西吳村民聘請道士作敬建醮，為田府元帥祝壽。

● 六月十五吃半年圓

到了農曆六月十五，也就是一年過了一半，傳統民間有作「半年節」的習俗。清《金門志》載：「十五日，家戶造米圓祀祖及神，謂之半年丸。」

在六月十五日當天清晨，各家戶會準備三碗湯圓祭拜「佛祖」，即家中所奉祀神明，如「觀音佛祖」、「灶王爺」、「福德土地」，以感謝神明庇佑，並祈求「闔家平安」；祭祀完後，配以甜湯，表示「甜甜蜜蜜」，再全家分食之，意味下半年闔家幸福、萬事圓滿如意。

● 七月初七拜「七娘媽」

七娘媽，又稱七星娘娘，傳說小孩在未滿十六歲以前，都是由天上的「鳥母」來照顧長大，鳥母又有一說法是「床母」，鳥母則是七星娘娘所託，因此七星娘娘遂成了孩子的保護神，尊稱為「七娘媽」。

農曆七月初七日，是七娘媽的聖誕，當天傍晚時分，居民會在天井或屋外門前擺設神案，上設「七娘壇」，以三牲、果品、金帛及胭脂水粉祭拜七娘媽，以感謝其庇佑孩子；家中若有十六歲以下幼童，則祭祀完後移轉至小孩床前祭祀床母，以示感恩之情。

● 八月十五拜月娘媽

八月十五中秋節，也是傳說中的「月娘媽」聖誕，晚間月亮升起時，在天井或屋外朝月亮擺設香案，以三牲、月餅、文豆及金帛祭拜月娘媽。

● 九月初七東坑清雲祖師聖誕作敬建醮。

● 祭祀祖先

漢民族講求「慎終追遠」，傳統民間社會中認為死去的先人會對後代子提供庇佑，消災降福；因此祖先祭拜除日常三柱香祭拜外，傳統節日春節、春分、清明節、中元節、秋分、冬至、除夕等民俗節日，村民都會準備豐富的供品，稱為「菜碗」及金帛來祭祀祖先，菜碗數量依家族的規模而定，但一般而言皆未少於十二碗。

● 初一、十五祭拜「宅主、門口、軍將」

每逢農曆初一、十五，都要拜「宅主」，居民的觀念中認為，每一民居中都存在著一個神，這個神是人們還未搬進來住以前就已經存在了，並以「宅主」稱這個神明，為感謝宅主的庇佑，都會定期的祭拜。

由於宅主是無具體象徵的神明，而神格的轄區只限於本民居，因此祭拜的方式是於廳堂前左側設置長型板凳，上面再擺設供品，供品通常以簡易的糕點餅乾為主，未特別準備，燃香由外朝內祭拜。

拜「門口」又稱拜老大公，主要祭拜散佈在民居外圍的孤魂野鬼，為免危害到人們生命安全；此類的鬼魂是「討吃」的，故祭拜完宅主，同樣的祭品可再拜老大公，祭拜的方向改為由內往外。

拜「軍將」：各宮廟主祀神「境主」派下五營兵將，庇佑村民平安，村民為了慰勞他們的辛勞，每逢初一、十五，或者是配合境廟儀式辦理犒軍的儀式，於大門處祭拜，稱為「拜軍將」。

二、祭祀供品的類型：

在烈嶼民間社會祭祀用的供品，依祭祀對象而區分為「祀神」及「祭祖」。祭祀神明的供品，通常以「牲禮」、「粿」、「粽」及「菜碗」為主；一般而言，牲禮會依神明之「神格」或是祭祀的規模而有所分別，如祭拜「天公」、或是大型醮儀慶典如「奠安」、冬至祭祖等，牲禮以「全豬」、「羊」、「雞」、「鴨」、「魚」大五牲，規模較小民間的祭祀天公則以「豬頭」取代全豬。

一般民居歲時祭祀或村中宮廟神明神誕作醮供品，則以大塊豬肉取代全豬，雞、鴨、魚、魷魚等選擇三樣，以「三牲」敬祀。

至於初一、十五「拜門口」、「拜土地公」等，則以「小片豬肉」、雞蛋、魷

西甲歲時節慶示意圖

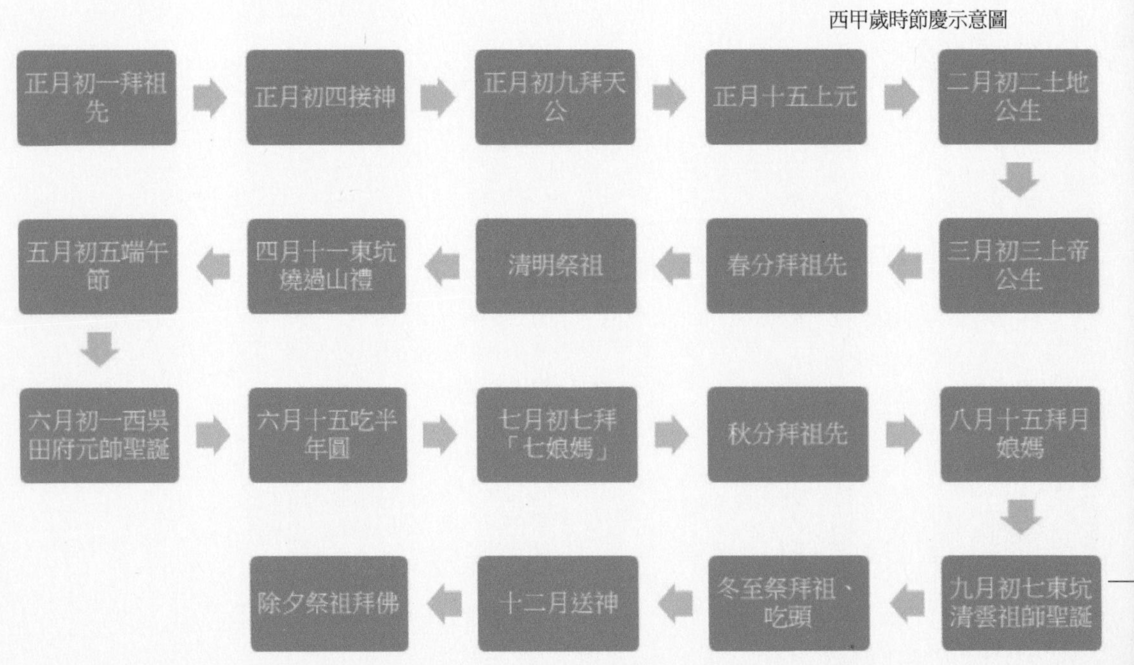

魚等簡易取得的供品為主。

牲禮的處理原則，「全豬」、「全羊」以屠宰清洗後「全生」祭祀；豬肉、雞、鴨、魚等供品，則為食物保存，簡易以水煮過半熟，避免牲禮祭祀完後腐敗；還有另種說法，稱人與神明之間存在「人與神」的分際，故祭拜神明時，牲禮不會完全煮熟，以全副來拜，表示與神明關係半生熟。

由於祖先生前與家人生活密切，因此祭祀祖先的供品，以日常生活飲食菜餚為主，以煮熟食物為主，稱為「饌」。

但無論是祀神或是祭祖的供品，也不論是生食或熟食，祭祀後再另行烹煮便成為居民最重要的飲食。

第二節 常民的小確幸：「幼餅」

幼餅又有「糖餅」、「桶餅」、「唐餅」的名稱，是烈嶼地區特有糕點，傳統民間信仰祭祀供品，會準備清素的供品，通常以小碗、碟盛裝，因此稱為「菜碗」或「齋碗」；菜碗的數量會依據祭祀的規模、祭祀的對象神明及個人的心意而有所不同，大型的祭祀儀式如宮廟或宗祠的奠安、中元普度或個人比較講究者，供桌供品的提供，會請專人來準備，稱為「揀桌」，菜碗的數量為十二道或二十四道，甚至到三十六道，沒有一定的標準，完全看主事者的心意；一般而言，「拜天公」或是宮廟作敬建醮時，菜碗準備十二道，個人祭祀時則以六道為主。

幼餅

關於民間信仰祭祀神明用菜碗的習俗，內政部《全國宗教資訊網》上記載宋代《雲笈七籤》〈卷三十七齋戒部〉「說雜齋法」載：「案諸經齋法，略有三種。一者設供齋，可以積德解愆。二者節食齋，可以和神保壽，斯謂祭祀之齋，中士所行也。三者心齋，謂疏瀹其心，除嗜欲也；澡雪精神，去穢累也，掊擊其智，絕思慮也。夫無思無慮則專道，無嗜無欲則樂道，無穢無累則合道。既心無二想，故曰一志焉。蓋上士所行也，詳矣。齋者，齊也。要以齊整三業，乃為齋矣」。大意是說齋法有三種，一者設齋可以積德化解冤愆；二者節欲素齋，可以與神和明，以保長壽康寧；三者則是較高層次的心齋，去欲無穢，則能樂道並與道合真。

在烈嶼地區，居民準備的菜碗，通常以漢式「糕餅」類為主，如「土仁荖」、「麻荖」、「寸棗糖」、「腳車餅」、「鹹餅」、「幼餅」、「豆沙餅」，其中「幼餅」最具特色。

「幼餅」的原料主要是麵粉、油、砂糖，製作手續極具費工，麵團需反覆搓揉、捲起再擴展，歷經七至八道工序，讓麵團在自然的狀態下充分發酵，最後包入以砂糖為主的內餡，表面塗上一層以麥芽加水稀釋之麥芽水，再灑上少許芝麻提味，最後送入烤箱高溫烘烤，由於製作過程耗工，工法極為精緻因而得名。

高溫烘烤過程中，麵團逐漸撐起膨脹，而經過烘烤完成後的幼餅，內餡的糖完全融入麵團中，外皮經烘烤而酥脆，表面那層麥芽水因高溫略呈焦黃，香味也隨溫度散佈於空氣中，讓人食指大動，也由於其主要的內餡為「糖」，故又有「糖餅」的名稱。

「幼餅」相傳源自於大陸，上世紀初，福建惠安林烏目遷移到烈嶼來定居，為了謀生，特別聘請廈門的漢餅師傅來金門製作漢餅，因此又有「唐餅」的名稱；林烏目傳承其子林虎德、洪巧夫婦，成立了「合成」餅店，專門製作鹹餅、寸棗酥、土仁荖、麻荖、幼餅等漢式點心，目前由第三代林國川、第四代林信光接手經營，是烈嶼地區著名的糕點店。

「幼餅」作工精緻，外皮酥脆，稍一碰撞就會造成損傷，影響賣相，故舊時將幼餅存放堆疊於鐵桶內，因此又有「桶餅」的說法；幼餅也因如此嬌貴，故價格較為昂貴；此外幼餅內餡澎鬆，無法滿足成年人飽足感，舊時社會居民生活普遍清苦，平時均捨不得購買食用，惟有祭祀時才以「零買」方式，充作祭祀用「菜碗」以表達對神明或祖先的敬意。

早期農業社會物質缺乏，生活較為清苦，烈嶼民家以鐵鍋加熱麻油，加入薑絲爆香後再放入幼餅煎熱，讓麻油隨著溫度而充分滲入幼餅中，幼餅表面煎熱呈深褐色後起鍋，這道「麻油煎幼餅」是烈嶼地區民家婦女作月子時，產後調養身體的最佳營養補充料理。

另傳統民間信仰所奉祀的「註生娘娘」，是婦女和兒童的守護神，相傳註生娘娘本名為陳靖姑，福建臨水鄉人，她受仙人傳授法術，斬妖除魔，造福地方，被尊稱為「臨水夫人」，陳靖姑為解大旱，不顧自身已有孕在身，最後脫胎求雨而死，死時誓言願作幫助難產婦女之神，因此在烈嶼地區，這道「麻油煎幼餅」也成了祭祀註生娘娘的專屬供品。

除此，高貴的幼餅也是孝敬老人家、生病時，最佳的營養補充品；酥脆的幼餅以熱水沖泡，變得鬆軟好入口，在一九六〇年代烈嶼軍方會以守備區指揮官的名義，在重陽節前夕送給地區的老人家牛奶粉賀節，老人家將奶粉加入幼餅以熱水沖泡，濃郁的酥油幼餅混雜了牛奶的香甜，便成為老人家和病人的最佳營養補充品；近代生活水準日愈提升，居民普遍較富裕，除了吃飽，更要吃巧，高貴的幼餅便成為居民休閒聊天不可或缺的茶點；在廟口、大樹下、「老人間」，走過二個世紀，歷經烈嶼的屯墾，同安賊的掠奪，日軍的入侵，國軍的進駐，共軍的砲擊，強迫式的軍事勤務等，對一輩子奉獻給這塊土地的烈嶼老人家而言，一壺馥郁醇香的「堯陽茶」，配上一塊酥香可口的幼餅，也許才是最簡單的幸福。

近年來隨著觀光業的發達，拜網際網路的傳播，來烈嶼的遊客，穿梭在西甲寧靜的村落中，找尋「合成」老店，留傳在烈嶼百年的「幼餅」，也從常民日常的小確幸，轉變成為烈嶼最具特色的糕餅小吃。

第三節　民間廚藝刀工的展現：「吃拭餅」

「拭餅」又有「七餅」、「切餅」、「擦餅」、「薄餅」、「潤餅」等說法，通常在清明節及冬至等節日吃拭餅。

《新金門志》上記述在清明節：「家食春餅，俗云餑餅。島人食此，相傳始自蔡復一，蔡氏奉職辛勞，夫人手飪以饋云」（許如中編，一九五九）。

相傳吃拭餅的習俗源自於金門鄉賢蔡復一，字敬夫，號元履，今金門蔡厝人，從小便搬到同安縣城住，一五九五年明萬曆二十三年進士，官至兵部左侍郎、總督貴州、雲南、湖南、湖北、廣西軍務兼貴州巡撫，人稱「五省經略」，與蔡獻臣齊名，人稱「同安二蔡」，相傳蔡曾因為公務繁忙無暇喫飯，蔡的夫人於是以麵皮包著肉絲、青菜等，讓蔡一面辦公一面吃，即是後代的拭餅。

「拭餅」主要分為「餅皮」及「拭餅菜」兩個部分；拭餅的餅皮其製作過程是將調勻打好的麵粉漿，迅速的在一大圓型平面煎盤「拭」上一圈薄薄的麵粉漿，由於這個「拭」的動作因而得名，其類似的發音又有「七餅」、「切餅」、「擦餅」的說法；麵粉漿兩面皆烤熟，再自鍋中撕下集中一旁，好吃的拭餅皮講求「薄」、「彈」，故又稱為「薄餅」，煎烤好的拭餅皮中心鬆軟富彈性，但易受風吹而硬化，導致包覆食物時易破裂而漏餡，故擦餅皮不宜久放，宜儘早食用。

至於「拭餅菜」的源由頗具趣味，漢民族講求「慎終追遠」，具體展現於祖先的祭祀上，傳統民間社會中認為死去的先人會對後代子孫提供庇佑，在烈嶼地區，對於祖先的祭祀尤為慎重，在先人的「忌日」會「煮饌」祭祀祖先，稱為「作忌」，每逢春節、春分、清明節、中元節、秋分、冬至、除夕等傳統民俗節日，更要大肆周張的準備豐富的供品—「菜碗」及金帛來祭祀祖先，菜碗的數量依家族的規模而定，大概為六碗，較為講究的家庭則為十二碗，以表達對於祖先的敬意；祭祀的地點及對象大致分為三處，一是自家供奉與自身曾經相處過的先人牌位，一般而言關係在三代內；其二是供奉房祧始祖牌位的「大廳」、「祖房」或小宗宗祠；第三是供奉「開基祖」牌位的宗祠、家廟、祖厝。

舊時農業社會，耕種需要大量勞力，因此一間祖屋往往三、四代同堂，叔伯兄弟齊聚一堂，對於祖先的祭祀供品的準備，往往是衡量「媳婦」孝順與否的指標，由於物質匱乏，祖先的祭祀又如此頻繁，供品的準備常考驗著媳婦的智慧。

所謂靠山吃山，靠海吃海，烈嶼四面環海，泥灘海岸所產石蚵，顆顆碩大肥美，豌豆、胡蘿蔔、竹筍、蒜仔等當令農作，祭拜神明後的「牲禮肉」，加上豆乾絲等民間普遍食材，七拼八湊出滿滿一桌；通常祭祀祖先時，來自家族內的供品擺上一桌，姑、嫂、嬸、娌齊聚一堂，不免交頭接耳，對各

兜麵

家的祭祀饌品評頭論足指指點點，因此食材雖然簡單，賢慧孝順的烈嶼媳婦不敢馬虎，在刀工及配色上煞費苦心，祭祀饌講求「細」、「薄」，經過簡單翻炒烹調後，每項食材分碗盛起，以湊足祭祀用碗數。

祭祀祖先是家族聚集共同參與的活動，因此祭祀後的供品便成家族成員共同享用的美食。食用拭餅時，先將祭祀後的各菜碗收回，再集中下鍋拌炒熟，豌豆的綠及胡蘿蔔的紅，再加上其他香菇、石蚵、豆乾絲、筍絲等配色，炒熟的拭餅料色彩繽紛，色香味俱全。

食用時先取一張拭餅皮平舖，再灑上少許花生粉於餅皮上，近代則用貢糖取代，以吸取過多的菜汁及水份，然後取適當的拭餅料加入捲成圓柱狀，視個人口味再加入適當的佐料即可食用。捲好的拭餅外型圓潤又有「潤餅」的稱呼。由於食用拭餅大都在家族祭祖聚集的時候，故「食拭餅」便成家族成員共同的記憶。

第四節　喜宴下的小確幸：兜麵

烈嶼孤懸海外，山多田少又飽經戰亂摧殘，居民三餐僅求溫飽，生活相當艱苦；又舊時農業社會，人與人關係非常密切，具體展現在婚喪喜慶場合中，每逢社里中有婚喪喜慶活動，村民會主動聚集幫忙，主人家也會提供餐食招待鄉親。

西甲各村落開發歷程中，基於血緣及地緣的因素，甲內各村落各自再發展出「連通社」的聚落互助合助模式，如西方、下田與西吳，雙口與下東坑，湖井頭與上東坑，形成甲內有甲的特殊現象。

婚姻生活是人類社會生活的重要內容，是生命得以繁衍的方式；傳統宗族社會中，更代表了宗族的生命能繼續延續，同時藉由婚姻，更連結了男女雙方所代表的家族關係，因此自古以來，連結男婚女嫁的婚禮，被人們視為「終身大事」。

婚禮被視為人生最重要的喜事，在早期物質較缺乏的年代，村民早在舉行喜慶前即先行飼養豬隻，以備喜慶上「拜天公」儀式及宴客需求，同時僱工以紅土壓模「做灶」，並收集枯樹枝，「剖柴」備用；當確定黃道吉日，主人家便請託社里中具廚藝的師父開立菜單及備料清單後再行採購。

早期婚宴的場所皆設在自家，一般喜宴共分三天四場：婚禮前一日，包含連通社的鄉親會主動來協助搭起簡易的帳篷，正面懸掛紅色「喜幛」，擺上桌椅，做為宴客的場所，當晚便由主人宴請鄰里，稱為「吃飯菜」，菜單包括「木耳菜」、「小炒肉」、「芹菜炒豬血糕」及「炒芋頭」等俗稱「四大金饌」的閩南傳統美食。

婚禮當日中午，正式宴客，宴客的對象為喜帖發放的親戚朋友，賓客也會包紅包祝賀；晚上則宴請連通社內的所有鄉親，以「口灶」為單位，每一口灶以一人為代表，同村是不發喜帖的，同時也不用包禮。傳統喜宴菜單較為正式，有：宴菜，拼盤，紅燒肉，全魚，大蝦，八寶甜飯，豬腳湯，排骨湯，大禮餅，最後送上甜湯做為送客；舊時生活較為清苦，即使是喜宴菜色，也常以蔬菜當底，上面再舖上肉片點綴，但即便如此，對於普遍貧苦的村民來說已是佳餚，一頓喜宴下來，往往杯碗朝天，賓主盡歡。

傳統農業社會中，男尊女卑，宴客的對象是以男丁為主，婦女是上不了桌的，但宴席的準備均仰賴村中婦女來操辦、張羅；在婚宴後隔日，喜宴帳篷拆除與收回桌椅後，中午時分，主人家或較為年長的婦女，會利用宴席餘下的高麗菜、白菜、蒜葉等「菜尾」，或者加上「刈菜」（蒃菜）等民間常見蔬菜，切成細塊，利用喜宴現成的大鍋鼎加水煮熟，煮菜的同時一人以番薯粉加水和成的白色番薯水澆淋在菜葉上，為了增加黏稠度，可稍加點太白粉，為了避免菜糊在一起，澆淋過程中，需有一人以大鍋勺將菜往鍋外側撥開，一人適時的澆入番薯水，俟水份快煮乾時，又要以鍋勺將麵糊往內「兜」，也因反覆「兜」麵糊，故而稱為「兜麵」；一直等到水份完全煮乾，番薯粉與菜葉完全混合成「膠團狀」才算完成，起鍋前再淋上花生粉，油蔥增加香氣。由於主要是以青菜和番薯粉為材料，所以又稱「芡番薯粉」。

為了方便食用兜麵，避免太乾難以下嚥，廚師會將昨天宴客所餘留下的魚頭、魚骨，加水熬成湯，起鍋前再加入適當的蒜白、油蔥提味，煮沸後的魚湯，混在兜麵上一起食用，相當受到村莊婦女的喜愛。

近年來生活水準日亦提升，衛生習慣改變，傳統以「菜尾」為食材的兜麵也改用新鮮的蔬菜，魚湯不再用吃剩的魚頭和魚骨，改用新鮮的「黃隻魚」來熬湯。

黃隻魚學名「絲翅鰶」，身長大約十來公分，體型乾扁，魚刺多且肉少，又稱「黃甲魚」，是烈嶼海域常見的魚種，產季大概在每年入冬到隔年清明時分，由於體型小，漁民常拿來當作魚餌，但也由於相當「臭賤」價格非常便宜，是早期烈嶼民家餐桌上常見的菜餚，最常見吃法是將黃隻魚煎、炸至表皮金黃，骨頭酥脆，可直接食用，或者是用來煮麵線，加點蒜白，是老人家或是病人最佳營養補給品。

兜麵

近代婦女地位也大幅提高，不再吃食男人吃剩的菜尾所煮的兜麵，許多較年長的婦女，難忘少女時代兜麵的好滋味，在冬季黃甲魚盛產季節，蒜苗、白菜、刈菜、高麗菜「正當時」，相揪「厝邊頭尾」，洗菜、切菜、熬黃隻魚湯，芡番薯粉，重見年輕時的好味道。

第五節　感恩惜福：「作十六歲」拜天公

傳統民間觀念中，天公是至高無上的神，「祂」統率文武眾神來治理人間，宛如人間的帝王一般，同時天公又是無所不在的神，不管是祭祀何種神明，都必須先行祭拜天公，故廟宇外擺設「天公爐」，民居廳堂中也懸掛著天公爐，代表居民對於天公的敬意。

有關於「天公信仰」的源流，學者王珂在《三重的天下：中國多民族統一國家思想的起源》一書記述，漢民族的「敬天」觀念，源自於古代中國人把宇宙想像成一個「天圓地方」的構造，所謂「天似穹廬」，把天想像成一個圓形的帳篷頂，籠罩在近乎方形的大地之上。從這角度看，世界上包括人類社會在內的一切物質存在，自然都被覆蓋在同一個、唯一的天的下方。從高度上看，世界處於「天」的下方；從廣度上看，世界整體被「天」所籠罩。古代中國人的這種對於「天」與世界的直觀的認識，不僅導致了「天下」萬物都來自於天，並且要服從於「天」的意志的主觀結論，同時也會導致世界上只有一個「天下」的主觀結論。這些主觀結論，也是天下思想的最基本內容。

民間信仰將無形的「天」予以具體化，擬人化，稱為「天公」、「天公祖」，視為至高無上的神，每逢重大喜慶，如家庭平安、事業發達、身體健康、功名成就、「作十六歲」、婚嫁等，為「叩謝天恩」，皆會舉辦「拜天公」的酬神儀式，藉以向這個至高無上的統治神獻上居民最大的敬意。

其中「作十六歲」拜天公最具特色，又以西甲地區最具傳統；早期農業社會，生活困苦，又缺乏醫療資源，小孩夭折時有耳聞，小孩能平安順利地長大至十六歲成丁，是天大的福份，又民間信仰中，孩童從出生便受註生娘娘所庇佑，一直到十六歲長大成人，為了表達對於上天、神明的敬意，在孩童十六歲時，都會舉行拜天公、敬娘娘儀式，藉以答謝神明。

家有幼童長大至十六歲那年，家長會挑選農民曆上「宜祭祀」、「宜謝神」的日子，舉行「作十六歲」拜天公儀式來答謝神明，一般而言，祭祀的時間會挑選在清晨天將亮時，於廳堂大門入口處，天公爐下方以八仙桌佈置成「天公壇」，上面擺設「天公壇」、三牲、發粿等供品祭拜天公；祭祀完後再另行至廟中祭祀「註生娘娘」，感謝神明庇佑。

為求慎重，也有居民會聘請道士來主持儀式，特別是「長孫」「長男」作十六歲時，供品也提升至整隻的豬、羊、雞、鴨、魚等五種供品來祭祀。

儀式的開始，信眾先行焚香祝禱後，全家跪於祭壇前，由道士宣讀「靈寶金闕玉皇大帝妙經」拜請以天公玉皇大帝為主的各路神明入內奉祀。啟過天曹諸階神明後，隨即宣讀疏文，以稟告此次儀式的主旨，並祈求信士闔家平安，諸事如意；此外，傳統民間觀念中，認為人充滿了罪惡，生活中也犯下諸多罪行，藉由拜天公儀式一併舉行稱為「解聯」之消災解厄儀式，向上天祈求諒解。

解聯儀式進行時，先於祭壇下佈置一裝水之水盆，點燃象徵光明之油燈，水盒上設置二塊平行木塊，並準備十二雙以紅線綁好之筷子，象徵人常犯的十二種罪行。首先道士焚香祝禱，向天公稟明祈求原諒生民的罪行：「弟子壇前啟焚香，三界聖賢總昭彰，太上玄元當壇說，特為生民懺罪殃，神通自在天尊。」接著由道士拿起紅線綁好之筷子，逐一宣讀每一種罪行，透過現場紀錄，整理節錄如下：

1. 冒瀆神明。
2. 悖逆六親、不孝父母。
3. 無孝無義、背親向疏。
4. 兄弟相爭。
5. 棄妻向妾、拋子背夫。
6. 逞志作威，欺辱良民、欺凌孤寡。
7. 至親孤貧而不顧。
8. 深入公門買求酷吏、口是心非、教唆詞訟，以直為曲。
9. 枉說是非、破人姻緣、離人骨肉。
10. 神前沐浴、裸體於日月星辰下，不法姦淫，持眾不正。
11. 枉殺眾生、勞擾身命、誤殺螻蟻或故意殺魚禽。
12. 不避神煞、觸犯神明。

隨著道士每唸完每一條罪行，將筷子棄置於米篩上，手執「改連」金紙，向跪於祭壇後方之居民抹過，詢問居民「改聯？不改聯」，居民配合大聲回覆「改聯」，道士再點火置於水盒之木板上任其焚燒，隨著金紙燃燒的灰落入水盒內，象徵厄運隨波而去。

太上天尊消災民間善男信女，恐被惡人暗害咒念，排解庇佑合家平安、添丁進財、五谷豐登、六畜昌盛。

一連重複上述儀式，直至十二條罪行一一宣讀完畢後，頌唸經文「謝天公」、「辭神」，將天公壇取下連同謝神用金紙火化後結束儀式。

敬完天公，道士移至另一供奉「娘娘壇」的供桌敬「娘娘」；「娘娘」一般是指「註生娘娘」或稱「助生娘娘」、「註生媽」、「娘媽」。

有關註生娘娘的傳說與事跡載於一些筆記、地方志及民間社會中流傳，如《金門縣志》引用清梁茝林退庵隨筆：「夫人名靖姑，古田臨水鄉人，閩王鏻時，夫人兄守元有左道，隱居山中，夫人常餉之，遂受秘籙符篆，役使鬼神。曾至永福誅白蛇怪，鏻封為順懿夫人，後逃處海上，不知所終」。

民間傳說註生娘娘本名為陳靖姑，福建臨水鄉人，她受仙人傳授法術，斬妖除魔，造福地方，尊稱為「臨水夫人」；另民間傳說陳靖姑為解大旱，脫胎求雨而死，死時誓言願作幫助難產婦女之神；相傳唐代皇后難產，夫人運用法術幫助皇后產下皇子，後皇帝敕封為「順懿夫人」，清代改謚「順天聖母」；成神後多次顯靈幫助婦女安產，被民間奉為「註生娘娘」，供奉在廟宇邊殿，是生產婦女及兒童的守護

神。

烈嶼地區「作十六歲」、婚嫁等拜天公儀式，會一併舉行「敬娘娘」儀式，由於天公神格最大，送完天公後將「牲禮」、發粿、粽、菜碗等的供品轉為敬「娘娘」，此外，由於傳說娘娘職司「助難產婦女」，而民間又常以「薑、麻油煎糖餅」作為婦女作月子補品，故供品中增加薑、麻油煎糖餅及胭脂水粉。

儀式開始，道士嗚角請神咒，召請「恩主註生娘娘」、「三十六宮夫人」、「七十二婆姐」、「花公、花媽」、「顧花童子」、「惜花童郎」等娘娘部下眾神明，「觀音佛祖」、「天上聖母」等自家供奉神明，諸神下降供茶奉獻，主人家配合斟酒完成「初獻」、「再獻」、「終獻」；祭祀娘娘過程中，鄰近人家也會攜帶金帛、菜碗等供品，共同參與敬娘娘，祈求娘娘媽庇佑自家孩童平安。

稍俟片刻，卜筊送神，若筊呈「正、反」各一，則辭神送娘娘：

答你花、答你粉、答你針線鏽針黹，請你主神來保佑：

敬娘娘

會讀書、好寫字、考試有名氣、日後考官求功名。

隨即燒化娘娘壇及金帛，完成儀式。

由於醫療衛生環境的改善，婦女生產及幼兒成長環境已大幅提升，雖然生活水準提高，但「作十六歲」拜天公敬娘娘的儀式並未消失，反而更為居民所重視，進而擴大舉行，原本侷限於「長男、長孫」的拜天公，隨著居民經濟情況的改善及社會結構的改變，不管男孩、女孩，個個都是寶，家長也都懷著感恩惜福的心態叩謝天恩，讓此項饒富意義的傳統更發揚。

近年來，烈嶼鄉公所將「作十六歲」定稱為「成年禮」，加入「祭祖」、「祭七娘媽亭」「鑽七娘媽亭」等儀式，且設計「負重」、「虎躍」、「龍騰」、「針黹」及「引福」等五道關卡，再經「淨心革面」、「通過成年門」、「宣誓」等活動。期許地區學子從今以後，能以尊重、包容、守法、惜緣、明理的心，培養責任感與榮譽心，擔負起對家庭、社會、國家的重責大任(呂允在總編纂，二〇一〇)。

公所用心良苦，立意良善；這項源自於台南地區的風俗，原為早年在運河工作時，「童工」與「成年工」的工資有別，而通過祭祀「七娘媽」來昭告兒童長大成人可以領取「成年工」工資，因而賦予「成年禮」的習俗，其祭祀時間雖都在「十六歲」，但與烈嶼地區「作十六歲」拜天公感恩，改連贖罪，敬娘娘惜福，其本質內涵還是稍具差異。

終篇結語

因信仰而結合的地緣甲頭

西方甲由位於烈嶼島西部的湖井頭、雙口、東坑、下田、西吳及西方等六聚落，因共同奉祀西方佛祖及玄天上帝，所結合而成的地緣角頭，又稱「西甲」。

烈嶼孤懸於大陸東南海中，西元十三世紀，宋帝昺被元兵追殺，急航海至此，向上天跪求：「天若佑我，請裂此地助我逃離追兵」，果得神明庇佑將致此地裂為二島，即今之金門、烈嶼二島，雖然幾近為神話，但印證烈嶼為遠離中原戰亂，避難之海上仙山；四面環海富漁鹽之利的烈嶼，提供了移民安家落戶的理由。

十二世紀福建同安縣尉洪楷，避戰禍登上烈島而暫住西方，精通堪輿之術的洪楷，預言西方多姓族裔發展；島的西端下林林隆道基於補魚之便利而落戶，世代繁衍成為雙口及西方林氏共祖；金門本島呂姓與蔡姓先祖，渡過分裂之海水，渡海來此繁衍東坑、下田、西吳等聚落；上東坑呂氏與下東坑六姓族裔，放下數百年來的紛爭和平共處，東坑社區發展協會的發展與榮耀，見証了不同族裔的共榮共存；職掌烈嶼門戶的湖井頭，更是先民登島歇腳的地方；數百年來，先民在這塊土地上胼手胝足，繁衍氏族。

離群索居的海上仙山並未得到上天的多點眷顧，天災人禍威脅島嶼的安全：冷冽的北風穿過靈山與通山，飛沙滾塵，「寒風煞」侵門踏戶危害聚落安全；異族荷番挾其船堅炮利之優勢，燒搶劫奪；日本軍的鎖島，斷絕了島民賴以為生的海上資源；上世紀中的國共內戰，戰線延伸至邊陲島嶼，戰退的國軍，在退無可退的壓力下，孤注一擲賭博式的選擇島嶼作為決戰的終點，強征漁民運補軍備，挖掘壕溝，以宮廟、宗祠、墓碑的石材構工改變了聚落數百年來的地景，鐵絲網、軌條砦等軍事化的管理，限制了西甲子民親近海的權利。

為求生存，西甲先民以信仰將西甲團結一起，共同興建「佛祖玄天上帝廟」，菩薩的蓮花指路，導引先民安全回家；佛祖燈火提示讓村民避難荷番掠奪；北風王金冠蟒袍，持寶塔神鞭，黑臉長鬚怒目，風雨無阻為村民鎮風止煞；白雞剋蟻、鎮邪，守護村民遮風避雨的家；上帝公率領三十六天將，斬妖除魔，以達合境平安；神話般傳說堅定了西甲子民的信仰。

西甲「佛祖玄天上帝廟」美輪美奐，展現天助師的美學天份，佛經上十八羅漢，每位尊者造型、神態各異；上帝公三十六天將，神明武器、坐騎維妙維肖，栩栩如生；薛丁山征西民間故事，讓信徒跟隨天助師的畫工而神遊，整體藝術價值極高。

為感謝神明庇佑，西甲作敬建醮叩謝神恩，每三年瑤江大元殿玄天上帝謁祖請火，西甲子民組織動員，不辭辛苦跨海跟香膜拜，祈求平安；即使是槍口封鎖了海岸，西甲子民變通為每年隔海象徵性請火。

海島的生活資源受限，在長老的分配下，西甲子民遵守蚵田資源的分配，本分的維持與自然的平衡；但生活即使再堅苦，物力再缺乏，對於神明及祖先的禮數敬意，絲毫不敢馬虎，幼餅、吃拭餅、兜麵、菜包，傍神作福的飲食文化因應而生，成西甲子民生活的小確幸。

避世離居的島嶼，在十七世紀鄭成功湖井頭登陸，途經下田揮劍指地掘井，吳山會盟明遺忠臣，高舉反清復明大旗，國姓爺這揮劍振臂，不僅解了戰士和居民的渴，也讓烈嶼在歷史的能見度上曝光；北風王及白雞盡職佇立，為西甲子民鎮風制煞，守護村民，已成為西甲甚至是島嶼的代表圖騰；昔日烈嶼的門戶湖井頭，特殊的地理位置，使它成為國共對峙下的前哨站，鋼筋混泥土建構的碉堡、四通八達螞蟻窩式的地下坑道，成為雄鎮海門，國之重鎮；湖井頭戰史館見證了戰爭的無奈與無情，更是烈嶼重要的地標。

上述的種種，皆起緣於數百年前西甲先民的一段機緣，於西甲海灘發現「觀音菩薩金身」，共同立廟奉祀，進而組織成「西方甲」，透過本書系統的整理，讓讀者能進一步了解，西方甲子民透過信仰而展開與自然土地、人民的對話，而取得和諧共存的境界，我們期望信仰的真、善、美，能教育我們與天地和平共存更珍惜現有的一切，讓戰爭成為歷史。

大家一起來
博

河我還
2002/12/22

參考文獻

【地方志】

林焜熿，一九六〇，《金門志》，台北：台灣銀行。
林志斌，二〇一七，金門村史《烈嶼之心：東林的那些人、那些事》，金門：金門縣文化局。
李仕德總編纂，二〇〇九，《金門縣志》，金門：金門縣政府。
李怡來編纂，一九七一，《金門華僑志》，金門：金門縣文獻委員會。
呂允在總編纂，二〇〇二，《烈嶼鄉志》，金門：烈嶼鄉公所。
洪志成主編，二〇一四，《洪氏鄉土雜誌》，金門縣：洪氏家廟建築委員會。
許如中編，一九五九，《新金門志》，金門：金門縣政府。
謝重光，一九九九，《金門史稿》，廈門：鷺江出版社。

【專書】

李仕德，二〇〇四，《十七世紀的海上金門》，金門：金門縣文化局。

江柏煒，二〇一〇，《星州浯民：新加坡金門人的宗親會館》，金門縣：金門縣文化局。

宋張君房輯，一九六七，《雲笈七籤》，上海：商務印書館。

呂合成主編，二〇〇七，《烈嶼鄉耆老「口述歷史」彙編》，金門縣：烈嶼鄉公所。

呂允在

二〇〇三a，《追本溯源，盡攬東坑風華》，金門：金門縣烈嶼鄉公所。

二〇〇三b，《東坑呂氏家廟族譜、六姓宗祠族譜、清雲祖師廟，源流考全記錄》，金門：金門縣烈嶼鄉公所。

二〇〇三c，《典藏東坑，烈嶼歲月憶往》，金門：金門縣烈嶼鄉公所。

二〇〇三d，《細說烽火話烈嶼，從東坑談起》，金門：金門縣烈嶼鄉公所。

戚常卉

二〇〇三，《金門戰事紀錄及調查研究》，金門：內政部營建署金門國家公園管理處。

二〇〇六，《雙城故事：金門田浦與雙口聚落軍事化之生活記憶（金門軍事地景與集體記憶報告）》金門：金門縣文化局。

陳文平
二〇〇〇，《福建六大民系》，福州：福建人民出版社。
二〇〇四，《五百年來福建的家族與社會》，台北：揚智文化實業股份有限公司。
陶思炎，一九九八，《中國鎮物》，台北：東大圖書有限公司
黃美英，一九九四，《臺灣媽祖的香火與儀式》，台北：自立晚報社文化出版部。
蔡鳳雛，二〇一一，《金門地名調查與研究》，金門縣：金門縣文化局。

【論文】

白宜君，二〇〇九，《軍事地景與軍事認同：烈嶼(小金門)雙口村的人類學個案研究》，碩士論文：國立台灣大學。

林建育，二〇〇六，《金門傳統漢人聚落領域的空間界定：一個五營信仰的考察》，碩士論文：樹德科技大學。

林志斌，二〇一三，《趨吉避邪：烈嶼民間信仰儀式觀點下的空間防禦系統》，碩士論文：國立金門大學閩南文化研究所。

洪曉聰，一九九四，《烈嶼傳統聚落之研究一村落領域關係、擇址和空間組織之探討》，碩士論文：台南成功大學建築研究所。

洪慧真，二〇一五，《金門近代飲食文化之變遷》，碩士論文：國立金門大學。

姚寶媜，二〇一六，《小金門東坑村「六姓宗族」的興衰》，碩士論文：國立清華大學。

【網路資料】

Google map ，網址：https://maps.google.com.tw/maps?hl=zh-TW&tab=11

中央研究院漢藉電子文獻資料庫，網址：http://hanchi.ihp.sinica.edu.tw/ihpc/hanjiquery?34:598209538:10:/raid/ihp_ebook/hanji/ttswebquery.ini:::@SPAWN

文化部台灣大百科全書，網址：http://taiwanpedia.culture.tw/web/index

金門縣地理資料庫整合建置系統，網址：http://kmgis.kinmen.gov.tw/Default.aspx

金門國家公園網站，網址：http://www.kmnp.gov.tw/

內政部全國宗教資訊網，網址：https://religion.moi.gov.tw/Knowledge/Content?ci=2&cid=356

《烈嶼觀察筆記》，網址：http://taconet.pixnet.net/blog/post/30991635（瀏覽日期：107.7.20）

文化部《全國宗教資訊網》，網址：https://religion.moi.gov.tw/Knowledge/Content?ci=2&cid=671（瀏覽日期：107.8.23）

《蘋果日報網站2013/07/04》，網址：https://tw.appledaily.com/headline/daily/20130704/35126504（瀏覽日期：2017.8.18）。

《金門觀光旅遊網站2018/5/18》，網址：https://kinmen.travel/zh-tw/event-calendar/details/1960（瀏覽日期：2017.8.18）。

金門縣海洋資源教育中心《102年度金門石蚵歷史調查研究成果報告》，網址：http://ocean.km.edu.tw/wordpress/index.php/wa/

國家圖書館出版品預行編目資料：

烈嶼西方甲傳奇：佛祖上帝公庇佑的子民/林志斌,洪清漳著. --初版. --金門縣金城鎮：金縣文化局, 2018.12
面； 公分. --(金門村史 ; 19)
ISBN 978-986-05-8121-8(平裝)
1.歷史 2.福建省金門縣烈嶼鄉
673.19/205.9/109.2 107022584

烈嶼西方甲傳奇

佛祖上帝公庇佑的子民

出版／ 金門縣文化局
發行人／ 呂坤和
作者／ 林志斌、洪清漳
總編輯／ 黃雅芬
主編／ 何桂泉
編輯／ 許錦珠
校對／ 林志雄、吳竺纈、伍明莉
攝影／ 洪清漳、林志斌
編輯委員／ 周祥敏、郭朝暉、蘇忠誠、劉建順、許躍翰、楊肅民
審查委員／ 陳長慶、林怡種、洪春柳、陳順德、王金鍊
地址／ 金門縣金城鎮環島北路一段66號
電話／ 082-323169
網址／ http://web.kmccc.edu.tw
設計美編／ 方韻如、林志斌
印刷／ 晴揚廣告事業有限公司
初版一刷／ 2018年12月
定價／ 新台幣300元
ISBN／ 978-986-05-8121-8
GPN／ 1010702608